作者个人照

作者在玉磐山庄与师兄交流拳艺合影
左起作者魏树人、王平凡、李光普、齐一

壬午柴扉閉
太極草堂學子續承傳

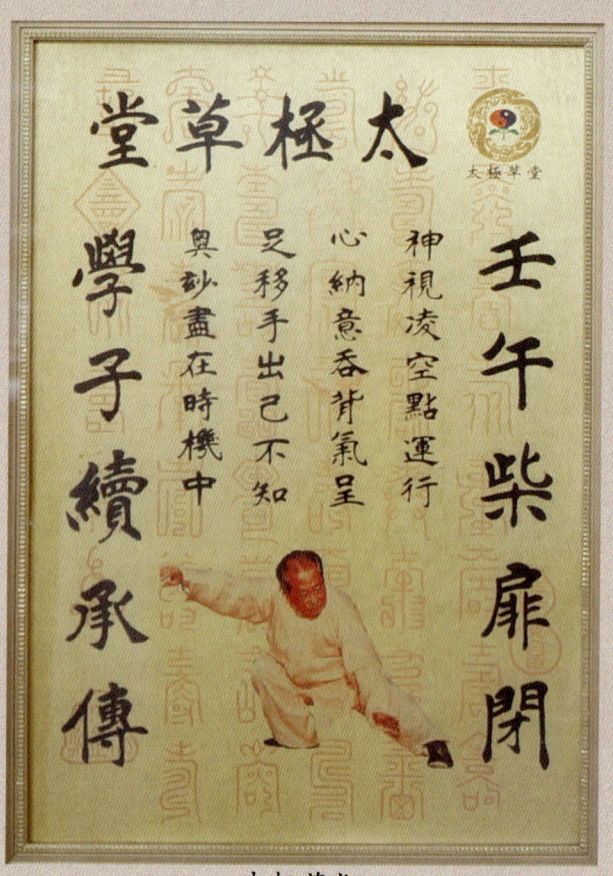

神視凌空點運行
心納意吞背氣呈
足移手出己不知
奧妙盡在時機中

太极草堂

意 神 气

意神气

杨氏太极拳述真序

《易》曰："天文也，文化也。观乎天文以察天地之变化，观乎人文以化成天下。"人类之意谓人类各异之物质与文化现象之相匹配之形色顺现为世界，亦即天下与精神之教育科学文学艺术诸领域生活。精神成为大千世界之一。

非子曰："国家必有文武以昭其德。"深足以说明我民族之精神形态现出我中华民族之堡垒，视世界而吃立之中华民族。

内家拳者乃以心理使之太极拳。太极者，是以太极为本源，引太极拳术亦即是太极之气呼吸运用，以意识动作使之调合协调身心，得以强健筋骨，故能增强体质，反过来可以外练筋骨皮，内练一口气，太极拳亦名为太极，以其所以为宗者，曰天地未判之前，太极未开之始终，太极既开，则太极生两仪，两仪既生万物，而万物之本源，亦即太极之本源也。

余幼承庭训，入室拜师，十数载以来，得遇汪永泉先生，为杨氏太极拳第三代传人汪永泉先生亲授技艺，收入门墙，视同己出，师恩浩荡，无以为报，但以弘扬杨氏太极拳为己任，撰写杨氏太极拳述真一书，以期杨氏太极拳发扬光大，使其源远流长，以慰师恩。

余不揣浅陋，不自量力，将杨氏太极拳之精髓汇集成册，以飨同道，不当之处，敬请方家指正。

作者胞弟书法

丙子年丙戌月
魏嘉祥识

作者拳架照

杨健侯秘传

杨式太极拳
三十七式内功述真

魏树人 著

魏世萍 魏世蘅 魏世兰 魏世萌 整理

人民体育出版社

自 序

我幼年体弱多病，因腿患风湿病，在学校免上体育课，所以同学们戏称我"大寒腿"。父亲鼓励我去国术社学武术，于是每至傍晚时，我便开始与小朋友们一起锻炼。有一天隔壁卢铁柱叫我去他家玩，在他家看见一位白发老师正带着他大哥练一种慢悠悠的拳，当时虽不知叫什么拳，却觉得很好看。当时心想长大后我一定要学这种拳术。

步入成年后，人生的岁月丝毫没有减弱我对武术的喜爱，太极拳更成为我业余时间唯一的爱好。随启蒙老师学完太极拳套路后，为了进一步深究太极拳术，我开始遍游京城各大公园，拜访太极名家，学习钻研太极功夫，继太极套路后进而研习推手和太极刀、剑、棒，以及太极拳对练等。近30年时间，从师日益增多，常受前辈长者称赞，当时自己也认为太极拳术不过到此境界。

1980年秋，一位挚友称他认识满族皇室后裔汪永泉老师，汪老师是一位京城太极拳隐士，曾得到杨健侯老前辈亲身指教6年，后又随少侯前辈学艺14年，得到杨家的真传，身怀绝技，但从不轻易吐露杨家太极拳术真谛。是日我与挚友一同前往拜见汪老师，在一小院中见到一位白发高个老者正带着学生练拳。挚友将我介绍给汪老师。汪老师面容慈祥，但讲话很严肃。我仅仅听汪师讲课两个小时，就犹如晴天中的一声霹雳，使我茅塞顿开，恍然醒悟。我在学习太极拳30年之后的那一天，才真的踏上太极拳的正途。我下决心抹掉前面30年的弯路，一切从头学起。

　　我于1980年秋退休，从汪师学艺6年，从始至终无间断，成为汪师承传者中唯一的全勤者，得到汪师表扬。每次课后我都要送汪师回家，途中汪师总给我讲些杨家秘而未宣的拳术和揉手中的奥秘，使我受益匪浅。20年来回忆起汪师，总是赞叹他真不愧堪称太极拳唯一真谛承传人，是汪师的谆谆教导才使我能在著作中阐述出杨式太极内功极其珍贵的拳术奥秘。我受汪师的教育栽培，不敢将他秘授的拳术窃为己有，故此在晚年将太极拳高境界内功功法贡献给太极拳的爱好者，愿同踏太极拳的真谛之路，以示明心。

魏树人　谨识

前 言

　　余自创办太极草堂以来，致力于太极拳术的教与学。近些年来，新生力量如雨后春笋不断成长壮大，2002年，余年届耄耋，故此退出太极拳界，从弟子中选出第二代草堂接班人，以利弟子们在海峡两岸及世界各地进行太极拳术的传授，促进太极拳事业的发展。

　　近几年来，为了全身心地研习太极拳术的功法，更有利于静思，余遂迁住远郊山区。但迅速增长的信件、来电及登门来访者，使余应接不暇。更有资深长者不断垂询太极拳理论，连佛教界的知名人士亦称赞余所著太极拳书中所叙与佛学理论相通，并祈愿余继续为太极拳术提供更多的科学理论，以使太极拳走向尖端，为人类造福。

　　2004年师兄齐一三次登门，嘱托余在晚年要将太极拳术进一步剖析透彻，使理论系统化，将晚年所获得的感知由表及里地总结整理，编写成书留给世人，不要为山九仞功亏一篑。余感任重道远，深恐有负众望，思之再三，勉力提笔，不顾眼疾，夜以继日，于2006年深秋完成《太极拳术理论与剖析》一书（今改名为《杨式太极拳——三十七式内功述真》），意在揭开太极拳的面纱，满足太极拳爱好者的共同心愿，让世人一睹太极拳术真貌，并与太极拳同道共同探研太极拳术真谛，得到太极拳术中隐藏着的奥秘。

余学浅才疏，本书可谓力不从心之作，但是我为太极拳事业贡献赤诚之心的愿望，则是真诚的。衷心期盼方家不吝赐教是幸。

魏树人

2007年（时年八十有三）

太极拳术理论与剖析简介

近年来太极拳的发展日益扩增，大有不可阻挡之势。学者日趋明朗的目的，是偏重于套路内功的健身术，探研太极拳内功"神、意、气"对人体养生的道理。国内外追求太极拳套路内功的奥秘，好像已是一种新的时尚。目前海内外人士在生活中越来越重视健康，大家意识到长期依赖医疗、药品的治疗，不如保健品易于服用，近来人们又重视绿色食品的食疗和营养价值。尤其是海内外的中老年朋友，近年来已意识到太极拳是一种对体衰中老年人疗效显著的拳种，是能找回自身健康的一种妙术，其中，大家尤为重视杨家太极拳老套路的内功。许多执教者声称太极拳术中隐含着极高的养生功效，能使学员在短期内逐渐脱离依赖的药品和保健品。人们每日走出寓所学练，并期盼攀升杨式太极拳术中的高深境界。

根据国内外广泛而强烈的要求，笔者编著了《太极拳术理论与剖析——三十七式内功述真》，国内简体字版更名为《杨式太极拳——三十七式内功述真》。本书在套路的"神、意、气"方面论述的是高级功法。书中详细绘制了大量照片，并详述每个环节、每个式子中内功学练之方法，揭示了太极拳术高境界神意气内功的奥秘。

希望本书能够协助海内外从事拳术传播的太极拳教师探研太极拳高境界的内功理论，以利于教学。

声　明

　　杨式太极拳一脉深谙太极拳真谛，杨露禅被称颂为"杨无敌"，然多年来杨氏家传将太极拳内功心法匿而不露，世人多番探寻，却未能得杨氏内功劲法奥秘。

　　1980年，中国社会科学院得知原任北京市武术协会副主席汪永泉先生是唯一得到杨健侯亲传杨式太极拳内功劲法的拳师，遂将汪永泉拳师请进中国社会科学院讲学。中国社会科学院哲学研究所、社会科学研究所的研究员们组成了一个核心课题小组，力求拯救、挖掘、整理太极拳内功，揭示太极拳内功的真实面貌。同年，我被邀请参加这一核心小组，参与这一课题项目。蒙汪师口传心授，终将汪师所传内容整理成《杨氏太极拳述真》一书出版，使这一文化瑰宝终于能够流传于世。

　　20年来，我悉心深入研习杨氏太极内功，归纳总结自己练拳的体验、体会，力争剖析和阐述太极拳术内功劲法的奥秘，寻求普及、推广太极拳术内功劲法的更好方法与途径，故在整理出版《杨氏太极拳述真》一书后，继续将自己所得所悟著述出版。本书亦为其一。

　　同时，仅存于世的杨氏太极内功如一株萌芽小草，需要精心爱护、培植，使其茁壮成长，开花结果，首先要培植一片试验地，再广为传播。为此余草创"太极草堂"。此举绝无门户之见，特此声明。

魏树人

目　录

第一章　内功循序 …………………………………………（1）

第一节　风钟演绎 ………………………………………（2）

第二节　内功层次进展 …………………………………（5）

第三节　如何学练功法 …………………………………（8）

第二章　阴阳概念 …………………………………………（9）

第一节　太极拳引证于太极图学说 ……………………（10）

第二节　意气的阴阳区分 ………………………………（10）

第三节　人体的阴阳辨析 ………………………………（11）

第四节　阴阳平衡辨别 …………………………………（12）

第五节　阴阳演示 ………………………………………（12）

第三章　有关益寿延年论述 …………………………（13）

第一节　太极拳术的目的 ………………………………（14）

第二节　拳谱中阐述的养生 ……………………………（14）

第四章　内功释疑 …………………………………………（21）

第一节　什么是内功 ……………………………………（22）

第二节　什么是内劲 ……………………………………（22）

第三节　什么是内气 ……………………………………（23）

第四节　什么是混合内劲 ………………………………（23）

第五章　拳术详解 …………………………………………（27）

第一节　太极起势 ………………………………………（27）

第二节　三十七式动作详述 ……………………………（33）

第三节　合太极 …………………………………………（232）

附录一　三十七式动作路线图 …………………（234）

附录二　难忘的记忆 ………………………………（235）

后　　记 ……………………………………………（237）

跋 ……………………………………………………（239）

修订版后记 …………………………………………（243）

第一章

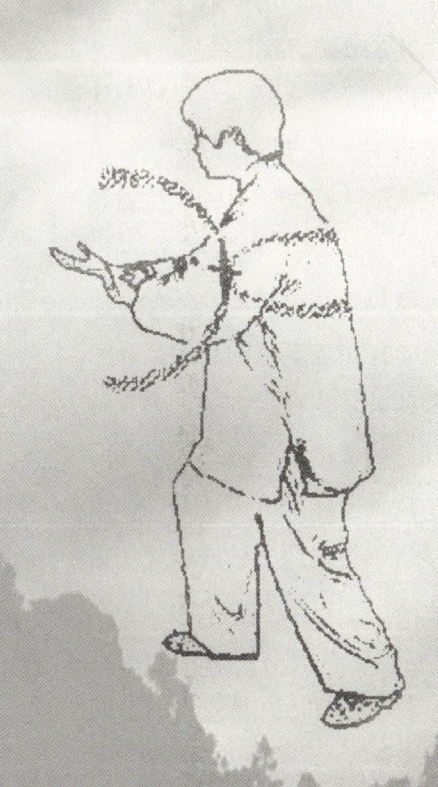

内功循序

第一节　风钟演绎

从"风钟"中能得到解决太极拳术的内功劲法，是杨家的发现，还是杨家受过名人的指点？实无据可查。在拳谱中并未见到类似"风钟"的论述，从清末到至今也未发现有关"风钟"的论述，这仍是一个谜。

自从由"风钟"求出解决太极拳术之奥秘，杨家近半个世纪并没有对外泄露只言片语，到杨健侯老年时才肯对徒孙汪永泉秘授"风钟"的奥秘。而汪师永泉自得到"风钟"奥秘，仍秘而未宣地又钻研了半个多世纪，于1980年才将他的心得逐层次地秘授给少数学子，所以近一个世纪来，世人并未听到过能从"风钟"中得到太极拳术内功劲法的奥秘。

经过几代人长时期的验证，要得到太极拳的真意，必须以"风钟"代替人体，譬如"风钟"的上顶、中腰、下口应视为三道气圈，分别对应人的肩、腰、胯，以这三道气圈才能解决形体之妄动。例如"风钟"虽然悬挂在房檐下，但钟体不受风力而摆动始终处于静止状态。"风钟"内系着一个形状特殊的钟锤，钟锤能借各方向吹来的微风，往返不停地摇摆碰撞钟体内壁，发出清脆悦耳的声音，以驱赶小鸟，保护建筑物的彩绘。杨家意识到太极拳的内功与"风钟"有着极其重要的关系，肯定"风钟"能解决长期得不到太极拳真意的追求，又能建立理论的依据，指出练太极拳时身形必须要像"风钟"一样"以静待动"，"风钟"能发出声波是钟体内的钟锤在钟内微微晃动所致，这就是太极拳拳谱中要求的"妙处全凭能借力，得来毫不费工夫"的论述。

汪师指明练拳时要意想以肩圈控制两只胳膊，就没有两肩两肘的存在，才能松、通、空，自然呈现"两膊相系"；意想以胯圈控制两腿两脚，这样在提、蹬、进、退时会自然呈现轻松自如；意想以腰圈上能辖制肩圈，下能辖制胯圈，方能达到"上下相随，以腰为纛"。练拳要时时刻刻意想"风钟"的三道圈。

如果在练拳时初步有了"风钟"三道圈的概念，就会发觉双手下按时，是意想肩圈前边沉下引领双手下按。如果是双手掤起，就要意想胯圈前边上浮引领双手上掤，这就是拳谱中强调的要"以意领形"。进一步用功就会发现肩圈约1米。比如肩圈前边下沉则肩圈后边必然上浮，自然使按掤两种不能分割开的内劲同时衍生，而身形手势不可能同时做出两种内劲。胯圈的前扬后降就是掤与按的变换。又如肩圈与胯圈前边相互叠垒，那就是受腰圈后边平行后撤导致肩圈与胯圈的叠垒，而腰圈的后撤生发出捋内劲，由于腰圈后面的后撤，同时腰圈前边自然平行而出，又生发出挤内劲。拳谱中所释"腰为统帅"的理论依据，腰圈范围略小于肩、胯圈，只有80厘米左右。所以腰的活动范围是有限的，只能平行前后伸展和左右的旋动，腰向前伸展即是意之挤内劲，向后伸展即是意之捋内劲。拳谱中所谓"开合相寓""对拉拔长"，就是以风钟为人体的肩、腰、胯三道圈同时能演示出掤、捋、挤、按四种混合内劲之奥妙。

例如"风钟"内的钟锤在人体中是悬挂在肩、垂至胯下的一条中心意识线，意想胯下钟锤受风力影响而旋动，碰撞钟壁发出声音，在空气中传播而出，学者就会联想到肩、腰、胯的三道圈受一定范围的限制而使内气不能通出，形成圈边绷圆。要逐步使三道圈升华为肩、腰、胯的三道气圈，才能使内气松散而出，自然感觉出三道气圈是无限制的无边无沿的声波在空气中传播。

随着内功不断的升华，会感觉肩气圈中的内气沉散，沿钟锤线直贯而下的浩然正气，使三道气圈由中间分开变成6个半拉圈，使"三连架"变为"六断架"，拳架套路中的"白鹤亮翅"一式，就是以6个半拉圈来演练，使肩部左侧的半拉圈向左侧捯，胯部的半拉圈向左侧下採，腰部的半拉圈则向后回捋；同时肩部右侧半拉圈向右身前掤，胯部右侧半拉圈向右身前下按，腰部的半拉圈则向右身前挤，使左右的6个半拉圈同时演示出6种混合内劲。在形体上是无法同时做出6种劲法的，也不能使它们混合在一起。

在揉手时，6个半拉圈可以同时发出6种不同的内劲，也可以向前催发出掤、按、挤三种混合内劲，或用採、挒、捋三种混合内劲引进对方，这在揉手时称之为技击"六断架"。

无论是练拳还是揉手的掤、按、挤，都要意想是"风钟"的钟锤向前荡击钟口内壁，发出的挤内劲催促掤、按内劲，而瞬间钟锤必然向后回荡产生捋内劲，引领挒採，这都是"风钟"钟锤前后碰击钟内壁产生的挤与捋相互孕生的奥妙。

随着内功逐层次的升华，自然理解以"风钟"比喻人体的关键之处，是指"风钟"底部下口与钟锤所产生的作用，这即是太极拳内功奥妙所在之处。故杨家传授拳术，要求身形要像"风钟"一样处于静态，而在钟下口内的钟锤，则借着风力摆动碰击钟下口，产生震荡波在空气中传播，即拳术中所指以意气催领姿势。由于钟锤的下沉与肘坠腰圈，

风钟图是根据汪师永泉讲述。他经常陪同师爷去寓所西边破庙中练拳，见师爷进庙后总看大殿房檐，不解其意，便恳问师爷。健侯公才讲出风钟之奥秘。图中所绘年长者系杨公健侯，年幼者系汪永泉。

人体的肩部像"风钟"的顶部一样是静止的。肘与腰直接相互带动,形成身体的上下相随而避免上半身妄动,解决了大半截拳之病,才能得到全身的整劲。在揉手时做到"妙手一招一阴阳"所产生的一种内功威力,将对方催发而出,方能体验到杨家以"风钟"喻人身的理论是正确的一种创举。

第二节 内功层次进展

杨式太极拳创始人对自家的拳术内功传授方法有明确的步骤,对从学者一开始就强调不要练空招空架。"招中必须有术,术从招出"才能使招与术同步进展。先将拳架套路练会,俗称"先划道儿",然后再去学拳架中的内功,并非先进的学练方式。一旦空的拳架熟练后,术的意念会长时间融不进拳架中,如果是招与术分开学练反而会浪费成倍时间,也不易摆正意与形两者的关系。在起步的初级功法中,汪师永泉在传授杨家拳术时就指明要"意"在先。尽管学者非常用心,第一步也只能做到形后配意,进展到第二步才能做到意与形同步地演练,拳术向纵深发展到第三步时方能意略于形前,虽然对意的进展步骤有些概念,但在初级功法中对意的理解仍是知其然不知其所以然,处于模糊境界。太极拳的内功从形体上是看不到的,故强调初学者在学拳后,学者之间必须要进行内功的相互交流体验。形与意符合上述那个阶段,才能向深一层功法进展。初级功法属于一种"半截拳"的练法,所谓"半截拳",就是以形体的两肩与胸部支配两臂两手的形体招法演练。当意的肩圈出现后,方能做到以意去引领两臂两手,术从招中通出,使意沉散衍生出腰胯圈,又形成"大半截拳"。有了腰胯圈内功的演练,学者在初级功法中,一旦自己认识到是拙力阻碍了意的出现,而自己真能将拙力松散开,那么意就会及早地出现,能理解到许多意之妙处。故谓之"意的天敌是拙力"。初级功法是"从无到有"的一个阶段，意在拳架演练中会不断地一步一步加深理解出更多的妙用方法，才能逐步地攀升发展进入中层次功法。

当意的运用自如时，意在招前引领的距离逐渐会加大，其原因是在形与意之间有一种气体悄然孕生，这种气体是与意自然结合引促招术于不经意间的运走，这种内气实为太极拳术中的"内功之气"，简称"内气"。内气二字往往被误解为是人体内的呼吸之气在体内运走，注重呼吸之气的练法有时会造成内气运行停滞而产生绷圆之病，阻碍内气出现的是练拳时没有做到真静，所以呼吸必须做到均、细、匀、长，才能使全身的毛孔都能吐故纳新，使皮肤表层活跃起来，处处孕生内气融通于全身。

中层次功法进展是前述内容逐步的升华，拳术的攀升要靠自己不断努力，在实践中积累经验才能豁然贯通。

由于意气的融合，使单一以意演练的功法衍变成意领气催，使招法转至被动地位，拳谱中指明有"意气君来骨肉臣"的论述，理解松散中要有"通"乃至"空"，则能使功法自然地增长。

内气是弥散弛张的，它必须与意配合，才能产生在盘拳或揉手中起着主要内功劲法的集中劲与分散劲，集中劲就是"通"，分散劲则是"空"，如果能使这两种劲混合一起应用，便会理解只有依靠意气才能做到不丢不顶，进而理解太极拳术奥妙的实质。例如初级功的双手中所托意想的两个小球，在中层次功法中就升华为两手各黏有小气球，无论是练拳或揉手，只要意想小气球都会产生一种粘、黏、连、随内功。又如初级功的肩、腰、胯三道圈，就演变成无边无沿的三道气圈，这样在盘拳时双手两臂毫无僵硬拙力而生发出一种弛张自如的内劲，在揉手时由气圈两侧环绕而出，集于身前催发对方。

进入太极内功高境界，已感触到中层次功法呈现的繁多意气的练法，其共性都是围绕太极图中的阴阳衍化而来的，故要使其"从繁到简"地简明概括之，才能使内功修炼了然于胸，进展神速，效果明晰，心静神怡，在盘拳时自然进入无我无为的化境。揉手时在彼毫无察觉之际已被催发而出，于不觉中出现一种超人灵感谓之"神妙"。灵感的神妙是由于刻苦钻研和长期的实践自然产生的，很难以文字阐述清楚。这种灵感往往被学者误解为是神灵相助，不能直言浅露，这都是错误的理解。拳谱中陈鑫前辈也只能解释为"若有鬼神助我虚灵"。在这里有必要提醒学者，对神妙决不能存有遐想妄贪，才能避免误入歧途。

在高境界功法中，仍有必要再将寓意深层内功的自然现象举例说明。如手掌不论朝任何方向开出，都要依赖于前方一个空点吸引，而空点的另一面也已经合回，故而强调必须同时完成"开与合"的运行，开合间这个意点即是变换之处。变换处两极一个是吸过来的终点处，另一个则是合回去的起点处，变换处犹如一个滑轮，有一根细丝通过滑轮以意想模拟的手，牵着细丝，领手运行而出，方能做到阴阳相互的转换。这就是拳谱中所言"往复须有折叠"的要义。（图1-2）

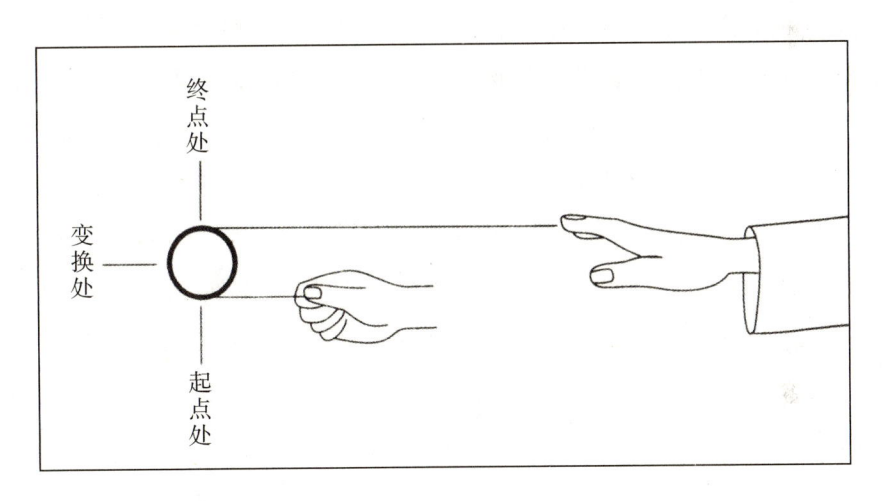

图1-2

例如，拳谱中强调阴阳要平衡，而杨家明确表示阴要略大于阳，阳面能让人看得出也能意识到，而阴面是不易被人察觉出的。那么阴与阳的差别有多大？阴是百分之五十一而阳是百分之四十九，相差只有百分之一二。这样才能突出"神意气"在阴面中的奇妙内功劲法。这个微小比例数不易掌握，所以容易让人产生疑惑，认为这是隐含的神秘真谛不对外传。应该进一步地思索是否做到拳谱中极为常见的一句话"意气君来骨肉臣"，如果真能做到，则会彻底悟出奥秘，就是要"意在先"，才能使阴阳置于正确位置，"阴在阳前"，领先一二即谓之阴大于阳。

第三节　如何学练功法

学者应注意各层次的功法，定要逐层次地探研，由不理解到明了内功的种种劲法，谓之"从无到有"，方能进入中层次功法"懂劲"，再升华到高境界方能遵循拳谱中王宗岳的论述"虽变化万端，而理唯一贯。由着熟而渐悟懂劲，由懂劲而阶及神明。然非用力[①]之久，不能豁然贯通焉！"要逐层次地去理解太极拳的功法，方能踏上捷径之路。依循古代的哲理，掌握阴阳转化规律，太极拳符合人体运动科学，蕴含着极高的养生、益寿延年之功能。又蕴藏着至关重要的"神意气"之运用，定要努力去实践，否则不会豁然贯通。

要提醒学者不可存有越层次的学练，否则会形成无基础的空中楼阁，要根据自己对太极拳术的理解程度，选择适合的层次研练。

---

① 这个"用"字应理解为"努"字，免使学者误认"用力"，其意指要长时间努力用心。

第二章

阴阳概念

第一节　太极拳引证于太极图学说

太极拳这种拳术，距远古太极图的出现年代甚远，其内涵是有区分的，目的地也不太相同。这种拳术是借用了远古太极阴阳学说中所绘的阴阳图为衣钵。

自太极拳被人们重视后，在几百年间有人将这种拳术附加了许多有关的五行八卦学说，有些论述相近五行八卦，但又没有明确地阐述出太极与五行八卦的关系，故使从学者处于迷惑之中。

我国古代的哲学家认为阴阳是两大对立面。任何事物无论大与小都包含有阴和阳的因素。阴阳之间是相互依存的，一方以另一方为存在的前提，阴可生阳，阳可生阴，阴阳互为合作，互为包容，所谓阴中有阳，阳中有阴，阴阳之间可相互转化，在一定的条件下，阴阳是平衡的。

太极拳的读物虽然非常多，但有关阴阳的论述却非常少，故有"太极阴阳少人修"的说法。而阴与阳在太极拳术中占有很重要的地位，前人有太极拳术修炼到"五阴五阳是妙手"，才能"妙手一着一太极"的讲述，已经意识到太极拳术进入高境界方能达到阴阳平衡。

第二节　意气的阴阳区分

万物中都具有阴阳，阴阳在太极拳术中的表现是多方面的。形体属于阳面，它的一举一动都可以看得见。而属于阴面的意气的运行是看不见的，但意气要通过形体招式而通出，故阴阳是相互依赖相互依存的。在太极拳术中称之为"以意领形"。意与形是明显的阴阳划分。而意也有阴阳之分，譬如拳论中讲"有意却无意，无意出真意"。有意是偏重于人的遐想，故属于偏阳，无意是自然出现的真意，则属阴。太极拳术的气也是有阴阳区分的，人们都知道外气属于阳，内气属于阴，但这只是从内外两个字之分，而内气仍要分阴阳，拳论中讲"有气则滞"，是指有意运用内气仍属偏阳，而"无气尚刚"则是指内气的自然润身，此不知不觉之气属阴。为什么太极拳强调"重意不重形""意气君来骨肉臣""凡此皆是意不是形"等，由此可以认识到太极拳术的关键，就是通过阴阳相互间的转化而求得阴阳平衡。

第三节　人体的阴阳辨析

在日常生活中，人体的阴阳，是以人们的视觉来区分的。人将能见到的身体表层称之为"阳"，体内见不到的部分称之为"阴"。在太极拳术中，根据远古时代人的特征，背部朝上为阳，腹部朝下为阴，这是遵照人类的自然现象而区分。但在太极拳术中，视身前为阴面，为静止的合；视背部为阳面，为动的开。阴阳的动与静是太极拳术中的开与合，故有"静中触动动犹静"，阴阳相互转化，以及"开合相寓"的讲法。

不单在身形上分阴阳，小到人体的指尖甚至皮肤在太极拳术中都分阴阳。如手指肚为阴，手指背为阳。手掌内的皮肤为阴，手掌背的皮肤为阳，诸如此类，无论大与小的部分，在演练太极拳术时，在阴面起到"吸"为"合"的作用，相反阳面起着"呼"为"开"的作用。

这里指的吸与呼，是阴阳的吸与斥，非口鼻之呼吸。

第四节　阴阳平衡辨别

太极图绘出的阴与阳是平衡的。

太极拳术进入高境界后，会自然明了阴阳是相对平衡的，它的比例是阴面占51%，而阳面占49%，阴比阳多占2%。有这微弱之差，才产生出太极拳术内功劲法的灵动变化，以"神、意、气"控制、引领着形体，方能达到周身具有轻灵之感。

第五节　阴阳演示

太极拳术中显现的"阴阳相斥"是指阴阳在距离相适应时，会自然地产生向阴阳距离的中心点相吸引，同时也由中心点产生出向两端相斥的走向，这就是拳谱中论述的"对拉拔长"，以阴阳互换引领形体的"曲肘进身，直肘撤身"的内功劲法。

套路中招式的演练，几乎都是以阴阳的意念引领形体的运走，如分脚中的双手旋转、肘底捶的"8"字图路线、三合三开云手的吞吐，都是沿着太极图所绘的阴阳曲线而运走。甚至有更多的两膊运行，则是沿着太极图外缘大圈和半径圈而运走的。阴阳在太极拳术中是非常重要的，是拳谱中论述的"往复须有折叠"等阴阳转换的理法。

第三章

有关益寿延年论述

第一节　太极拳术的目的

杨健侯前辈所传授的老六路拳架，只有一套拳势名称相同的套路，而这套拳架却有两种名称，一为养生拳架，俗称"乾三连架子"；一为技击架，俗称"坤六断架子"。自杨式太极拳名噪京都后，六断架功法便不再向外讲述，数十年间这种技击架竟被蒙上一层神秘的色彩。杨家所留传的太极拳，在套路编排数量上虽有区别，但它的拳势名称与顺序基本相同。只是有人将左右区分或合并，但在招式演练上却有很大的区别。汪永泉老师所传授的套路，是他到师爷健侯家中近六年时间，所得师爷晚年亲传的拳架。

编者从师学练多年，汪师在晚年才讲出养生架练法和技击架的练法。由初层次直至高层次都是沿着养生之路练拳，久而久之便能得到神、意、气的滋养。这种神、意、气要在与同道们相互运用中来验证，就要依靠六断架子来相互体验。特别要注意绝不可将技击架演练成相互搏击，如果双方是相互力抵，就完全失掉了太极拳的养生作用，双方在利用技击架揉手时，会相互摧残自己所得到的意气之功，歪曲了三连架与技击架。它们都是从养生角度出发，而最终也是要求得到养生之术。

第二节　拳谱中阐述的养生

在众多的拳谱中唯有王宗岳所写的《十三势行功歌》，点出了太极拳的真实意图。学习《十三势行功歌》，对它所论述的太极拳术养生、益寿的功效，我也小有心得体会，故浅释于后。

"十三总势莫轻视"

"十三势"是指太极拳术中的掤、捋、挤、按、採、挒、肘、靠、进、退、顾、盼、定十三种关键技法，太极先贤王宗岳所提"总势"两个字，是指十三势由初层次形体演练，逐渐理解十三势的意气内功，直至悟出十三势神、意、气奥妙的三个层次的内功劲法，以及体用较全面的功法，称为总势。不要轻视这十三势功法，它是太极拳术的逐步升华，绝非轻易即能取得太极拳术之奥妙，故要认真探研。

"命意源头在腰隙"

太极拳十三势内功，都是起源于人体腰部，在太极拳术中称腰为主宰。这个"隙"字是对腰的要求，必须将腰椎节节松开，才能做到上下相随。

"变转虚实须留意"

非指形体上的虚实变转，而是有与无的变转。这里的"变转"是指意的变转。意能将有形的形体，想象成犹如没有形体的存在，意也能将虚无的东西想象成犹如事实一样，所以在太极拳术中意是虚实变转的主导。"无即是有，有即是无"。故尤其要留心这个"意"字的奥妙。

"气遍身躯不稍滞"

以气运身，非呼吸之气或内气的运行。气要与意合，以意领气，才能顺遂无滞，意气在体内运行是没感觉的，谓之气宜直养，是太极拳术中元气在体内养生之法。

"静中触动动犹静"

演练太极拳术过程中，在静中要有动已萌生欲出之意，才能做到阴中有阳，呈现出阴阳相生的道理；相反在动中，静也蕴生而出。虽然太极拳术有阴阳之分，而阴绝对不是孤阴，阳也不是孤阳，阴阳是相互转变的。

"因敌变化示神奇"

《十三势行功歌》中只有这一句是指双方以技击架演练。在动中唯有静才能意识到对方瞬间的变化，就能判断其目的，顺其目使其落空，这是太极拳术神奇奥妙的方式方法。

"势势存心揆用意"

"意"在太极拳术中是隐藏极其深奥的一种思维，每招每势都要用心揣测"意"的目的意义。

在太极拳术中的一举一动之前，都要仰仗着"意"来引领形体，方能达到通体舒泰，而表现出一种自然之美，演练时在不觉中反而能完成合乎拳术规矩的要求。此境非人为的冥思苦想，而是自然之中出现的奥妙——"无意出真意"，会达到一种意想不到的养生。

"得来不觉费功夫"

在拳术界，有人认为太极拳术真传不易学到身上，其原因是没有辨识出，有的太极拳书刊中叙述较肤浅，而远离应首选的王宗岳拳谱为座右铭，误入旁支曲路，遂认为太极拳是一种可望而不可即的拳术。

有人误认为太极拳套路演练时只要慢一点、再柔一些就符合太极拳的要求，更错误地认为太极揉手要凭力气去拼搏，视两者间绝不吻合，并未能正确地理解太极拳在养生架与技击架中有着共同的要领，都是依靠意气内功去完成，决不允许以强欺弱。拳论明确地指出，要在不丢不顶中讨消息，就是要依靠"意"领形，用内气催姿势的一种内功劲法。如果认真长时间地遵照太极拳的要求练习，掌握真谛绝非望尘莫及。

"刻刻留心在腰间"

腰在太极拳术中居主宰地位，也称之为"纛"，是指古代军中的大帅旗。"腰间"是腰部的中心，即帅帐的所在地。它上能辖制肩部，下能辖制胯部。肩和胯虽然分别统领着上下肢，但上下肢的相互配合都要通过腰来传递。肩胯辖制的上下肢，一举一动都要留心于腰间的意图。

"腹内松静气腾然"

太极先贤认为人的腹内是气的萌生之地，长期演练太极拳术能得到一种元气。这种内气必须要达到腹内自然的松沉弥散后，犹如静止般，才能有熏然升腾之意。

"尾闾中正神贯顶"

太极拳在演练时，无论演练什么动作，尾闾始终要保持松垂，达不到松垂就不能中正。前人引用"尾闾"二字的用意，是指明尾闾是集散处。要意想该处犹如河水流向归处，才会使内气沿三关徐徐升腾，使精神提起犹如贯顶一般。

"满身轻利顶头悬"

太极拳演练从起势到收势，始终要周身松散，使全身处于舒适轻灵状态，犹如无我无为入化境般，在头顶上空自然产生抻丝感、颈骨呈现上下相斥分开感，似将头悬提而起。

"仔细留心向推求"

对太极拳术内功的道理和意图，要仔细去领会、去探索、去研究，由已经探索得到的功法，联想到其他方面的理论、要求、意图、目的、作用，详细领会其所指。世人没有看到真谛，而真谛一旦出现，世人也会视为无稽之谈。因为向内推求的内涵，是外人所不能察知的。

"屈伸开合听自由"

屈与伸或开与合的转换，在太极拳术中要求非人为地支配形体的演示，脱掉人为控制的屈伸开合的规矩后，自然会进入一种在不知不觉中完成屈伸开合并且符合规矩的演示。

"入门引路须口授"

太极拳起源于民间，长期采用口传方式讲授拳术，这种授业形式也要择人而试，绝不轻易泄露奥秘。太极拳术内功只能对入门弟子口传心授，连这种入门后的引路方法，也要长期选择得意门人，方能讲述些真谛。

第三章　有关益寿延年论述

"功夫无息法自修"

无论学练什么功夫，都要按排好时间，不要间断、松懈，对老师所讲述的课程重点要有记录，要认真钻研加以分析，逐条地将其重点识别出它们之间的相同处与不同处的意图和关键所在，沿着关键要点攀登高峰，定能探得真谛奥妙之处。

"若言体用何为准"

太极拳术套路锻炼以及双方揉手的演练目的，就是求得功法的奥妙——神意气。

"意气君来骨肉臣"

各种拳术的习练都是锻炼人的骨骼和肌肉，故而都以骨骼肌肉的动作为主去学练。但太极拳术真正的目的是培养人的意气，以意领形体，用内气催姿势，意气为主，骨肉为辅。故需扭转形体与意气的本末倒置。

"详推用意终何在"

推崇太极拳，最终目的是期望人们真正认识到太极拳术对身体独有的极高的养生价值。

"益寿延年不老春"

真能理解太极拳神意气的内功，又能长期演练，就能使人的生命得到延长，迈进耄耋之年仍然精力充沛。

"歌兮歌兮百四十"

王宗岳编写的这首只有140个字的《十三势行功歌》，在太极拳术中，是非常重要的、提纲挈领式的。

"字字真切义无遗"

每一个字都真实确凿，对太极拳术内功意义丝毫没有遗漏之处。

"若不向此推求去"

如果你没有参照歌中所提，逐字逐句地去探索追求。

"枉费功夫贻叹息"

就会空费学练时间，因得不到太极拳术的真谛而后悔。

在太极拳谱中，只有这篇较为全面地讲述了有关养生的道理。由此可见，在几百年前，先贤视太极拳是一种融养生于技击中的拳术。

第四章

内功释疑

第一节　什么是内功

"内功"是不以形体手势演示动作，完全依赖意念的运走演示，又称"静功"。

1984年春，中国社会科学院敬请汪永泉老师去香山游览，为了留念，笔者给汪师拍照，敦请老师做个姿势，当时汪师非常高兴地说："照个白鹤亮翅吧！"立即做出白鹤亮翅的定势，我为了将照片拍好，请老师等一等，要调一下相机的焦距，待调好后再请老师做白鹤亮翅姿势，这回老师没有做姿势，说："拍照吧！"当时在场之人都非常纳闷，说："您不做姿势怎么拍照？"老师面带笑容说："有身形动作，是白鹤亮翅的姿势，无身形动作，它是白鹤亮翅的气势。"这一句话，十年后我才悟出暗示之谜底是"内功"。

内功是一种静功，它的成功要点，是必须要扼制住身形手势。拳谱中讲"无形无象、全体透空"，能达到阴面真静，关键只在于以意念描画形容，既无身形又无阳面微动，这就是太极拳所要求的"内功"。

第二节　什么是内劲

内劲是依靠身形手势通出的一种招中之术，这种术没有丝毫肌肉的能效，不能将"棉里铁""棉里藏针"当成内劲。

汪师讲述这种内劲，只说："无法讲清楚，也无法形容它，功夫到啦，就会明白。"老师还是不愿意详解内劲真谛。

笔者经过多年的默识揣摩，理解到这种内劲似宇宙空气流动，又像流淌的河湖之水的，既平静又柔和的波浪摆去摆回。一旦空气或水相互受到影响，会产生一种无坚不摧的威力，当形体表面无论任何部位受到影响，内劲会立即集中，由影响部分通出，围绕该处迂回旋绕，内劲虽然是由分子集合而成，但这种阴面内劲能控制阳面的拙力。这种内劲通出时，从形体手势上看不出有任何的改变。在太极拳术中，将这种阴面无形之劲称为内劲。

第三节　什么是内气

内气在人体内是无法感觉出的一种气，中医称之为元气。在长期演练太极拳术时，不要大吸大呼，要做到呼吸均、细、匀、长，才能"气宜直养而无害"，逐渐体验到"浩然正气"。浩然正气会慢慢养元气，浸润全身，从而营养全身而使精神提起，在太极拳中称这种气为"内气"。

内气要依靠意的引领，意又能囊括内气，这种意气之合，成为太极拳术的奥妙内功。太极拳术完全是依靠"意"的引领，内气才能催姿势，运用自如后方能达到演练太极拳一举一动完全是倚仗内气催姿势的结果。

第四节　什么是混合内劲

我在中级功法中曾介绍过六十四种内劲，但未能详细讲述内劲练法，所以没有引起学者重视，在高级功法中要明确什么是内劲，有必要再详述这种混合内劲的混合用法。

汪师讲：这六十四种内劲是杨家独有的内功劲法，它在"三连养生架"中对于意气的培养起着关键的作用，又能在形体招势中同时混入多种内劲，而使人的思维开拓。在"六断技击架"中这种混合内劲是揉手的关键功法，拳谱中提到的"人不知我，我独知人"，即指这种混合内功劲法。根据读者的要求，笔者在本书中首先介绍"三连养生架"的混合劲法。

譬如"掤"的招势，只能够单一地演练，不能同时演练两种招势。如果在一个掤的招势中，同时能演示几种招势的内功劲法，方称混合内劲。又如以形体的掤拳架，加入掤内劲，称掤架的掤内劲；如果在掤拳架加捋内劲，则称为掤架中的捋内劲；在掤拳架中可以互相配进掤、捋、挤、按、採、挒、肘、靠八种内劲。依此类推，掤、捋、挤、按、採、挒、肘、靠八种拳架，与掤、捋、挤、按、採、挒、肘、靠八种内劲相互交替配合，就演变成八八六十四种内劲。

当演练掤拳架时，胸部一吞，意气由背后劲源涌出，意想下行的意气将胯气圈后端催沉下按，胯气圈前端上扬掤起，引催双手上掤，此为掤架中由按变掤的两种混合内劲通出掤架。（图4-1）

图4-1

图4-2

如果胸部一吞，意气由背后劲源涌出，意想上行的意气将肩气圈后端催扬掤起，肩气圈前端必然向下沉落，引催双手下按，此为按架中由掤变按的两种混合内劲通出按架。（图4-2）

第四章　内功释疑

　　无论演练什么拳架，都要意在先引促身形手势。如欲练挤拳架时，先意想内气由胸前十字之竖的上下两端弧形通出，引促两手交搭前挤，必然使十字之横两端被牵拉向后迂回后捋。由挤架通出挤内劲，寓含着捋内劲的两种混合内劲通出挤架。此为拳术中的"开中寓合"。（图4-3）

　　掤、捋、挤、按四种内劲，可以由任何拳架中通出。（图4-4）

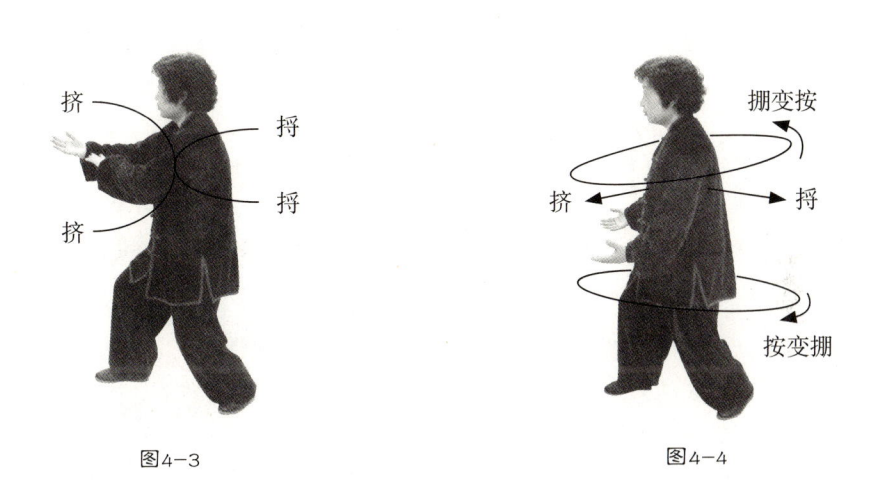

图4-3　　　　　　　　　　　图4-4

　　由肩胯的掤按和十字横竖的牵拉产生的捋挤，同时在捋架中通出四种混合内劲，就能在四正中演示出三十二种内劲的相互演变。拳谱中对四正劲法的演练，是有理论根据的。将掤与按编排在两头，掤在上面属阳，按在下面属阴，它们之间又能阴阳相互蕴育转换。而将捋、挤放在中间，是根据十字在人体中心，将人体比喻成身为古钟而顺序编排的。进入高境界不难看出前辈拳师们的智慧。杨家用古钟解释太极拳的奥妙，在拳术上是首创灵感的发现，还是受高人指点，无从考察。笔者只是做些分析而已。

25

第五章

拳术详解

第一节　太极起势

起势的功法直接反映了拳术的层次进展阶段（三十七式中不包括起势）。高境界的功法是在初层次和中层次功法的基础上逐步演练而渐渐升华和理解。功法是在必要的理法中进展的，在进展中逐步加强理解功法与理法的深层意义，其规律是从无到有至从有到繁，再从繁到简，达到在高境界的功法时能使繁多的理法于瞬间同时完成。

1. 面南站立，身立如古松，心中坦然。犹如一盏荧荧烛光刚刚熄灭。一片寂静，听而不闻、视而不见，也感觉不到自己的呼吸，从而进入无我无为之化境。（图5-1）

图5-1

2. 想象头顶上空有云层放电，刹那间一条意识线由头顶进入身中，在浑然不觉中呈现出开胸、张肘、塞腰、鼓腕内气运行的变化。泰然自若地瞬间完成多种内功之融合，此时身心和畅情趣盎然，内气弥散周身之美感妙不可言。（图5-2）

图5-2

3. 意识线直下入地，瞬间地气升腾由右小腿外侧沿逆时针轨迹经右胯弧形旋至腰中间，旋即又沿顺时针轨迹弧形旋向左肩，随着意气的运行引领左足于不经意中提起，向左迈出半步。（图5-3）

图5-3

内功诠释：

太极拳的阴阳学说取材于远古太极图中的两个半径圆圈，以此来论述天地阴阳，而万物皆依靠天地阴阳而生存。人的生存是依靠天地间的阴阳二气。

太极拳修炼进入高境界后，其功法从繁到简，直至完全升华依靠"阴阳"来表示太极内功。譬如，通过修炼三道气圈，会逐步理解肩圈是与天相吻合，而胯圈是与地相吻合，腰圈则代表人。故在太极拳起势时它是依附阴阳两仪的旋转来带动肢体的运行，此即"手出足移己不知"所致。当阴阳的旋转进入胯上、肩下时，都要集发于腰圈，故称"腰为主宰"。

4. 内气由胯圈中心集发而出，以意囊括内气沿逆时针轨迹旋转成球经腰圈中心向上升腾，以意气之球黏引双手徐徐从两胯旁升起（高层次功法中形体的运走方式，完全倚仗意气引领）。意气之球将双手黏引至胸前。（图5-4、图5-5）

图5-4 　　　　　　　　　图5-5

5. 胸部一吞纳，意气之球沿逆时针轨迹旋进胸部透于背后，双手被黏引成手心向内，感觉两手虚无缥缈。（图5-6、图5-7）

图5-6 　　　　　　　　　图5-7

6. 刹那间意气之球由背部沿顺时针轨迹旋转喷吐而出，黏引着双手旋转成两手手心向下，意气之球黏带双手旋于胸部前方。（图5-8）

图5-8

7. 意气之球受肩气圈的辖束被弹回，沿逆时针轨迹黏带双手折返，双手成手心向内旋回胸前。（图5-9）

图5-9

8. 随三关竖起胸前十字垂直，将逆旋的意气之球黏吸在十字上，双手手心向下旋于球顶之上。（图5-10）

图5-10

9. 胸前十字一松垂，意气之球沉向胯气圈，引领身形微下落，当意气之球脱离十字下端呈现相斥，双手被十字弹回腰气圈，意气之球斥入地面。（图5-11）

图5-11

内功诠释：

太极拳术的起势所演练的方式方法，代表着套路功夫的不同层次，例如《杨式太极拳述真》中八十九式的起势，是双手握着两个小气球，以此演示意与形相互间的关系。在起势中指明"招中要有术"，是从无到有逐渐得到初层次的理法。

而在《杨式太极拳术述真》一书中二十二式的起势是引人进入意与气的功法中，双手中的小气球能从手中催发而出再接回手中，指出"术从招通出"，从单一的理法进入繁多的中层次的理法。

本书中三十七式的"起势"则以意气之球黏引双手演示，进入阴与阳的奥妙中。使三十七式套路从一开始就走进太极图的阴阳互换的一种奥妙功法中，由于行功日久，使两个小气球合并成意气之大气球黏引双手运走，进入"无我无为"阴阳转换的奥妙境界，是境界层次功法与众不同之处，将繁多化为乌有。

第二节 三十七式动作详述

一　路

第一式　左右揽雀尾

第二式　单鞭

第三式　白鹤亮翅

第四式　左右搂膝拗步

第五式　手挥琵琶

二　路

第六式　左右倒撵猴

第七式　白蛇吐信

第八式　转身单摆莲

第九式　搂膝指裆捶

第十式　左右金鸡独立

第十一式　抱虎归山

三　路

第十二式　一合一开云手

第十三式　高探马

第十四式　右左分脚

第十五式　左右伏鹊式

第十六式　右蹬脚

第十七式　双峰贯耳

第十八式　搂膝栽捶

四　路

第十九式　翻身撇捶

第二十式　左右野马分鬃

第二十一式　小七星捶

第二十二式　转身左蹬脚

第二十三式　左右玉女穿梭

第二十四式　单鞭下式

第二十五式　海底针

第二十六式　扇通背

五　路

第二十七式　转身撇身捶

第二十八式　斜飞式

第二十九式　提手上式

第三十式　肘底捶

第三十一式　上步七星

第三十二式　退步胯採

六　路

第三十三式　转身双摆莲

第三十四式　弯弓射虎

第三十五式　卸步搬拦捶

第三十六式　如封似闭

第三十七式　十字手

一 路

第一式　左右揽雀尾

第二式　单鞭

第三式　白鹤亮翅

第四式　左右搂膝拗步

第五式　手挥琵琶

一 路

第一式　左右揽雀尾

左揽雀尾

1. 意气引领双手沿腰圈左旋，集向左胯前，意气圆散，瞬间，意气黏引双手沿腰圈折返，右旋集向右胯前，意气圆散。（图5-12、图5-13）

图5-12 　　　　　　图5-13

附：意气的运走在拳论中已指明，太极拳的演练要像行云流水一样引领身形手势，忽而集中、忽而分散地一合一开，欲左先右、欲上先下地往返折叠。笔者认为太极拳高境界功法应先避阳走阴，再以阴带阳；欲进先退，迂回运走。

2. 意气在右胯前圆散成球，将双手黏引在球的两端，黏引左手沿顺时针轨迹上旋于右胸前方，手心向下；同时右手沿顺时针轨迹下旋于右胯前，手心向下；双目凝视身右前方意气之球。（图5-14）

图5-14

附：汪老师受健侯师爷指点，太极拳从始至终没有抱球说法，而是以意气之球黏引双手旋绕，其间只有意气之球并无双手感触，而球之两端即是双手。如此方能进入"手非手"的化境。

3. 意气之球黏带双手继续旋转，由圆球前端黏引左手下旋于胯前；同时由圆球后端黏引右手上旋至胸部；注视旋转的意气之球。（图5-15）

图5-15

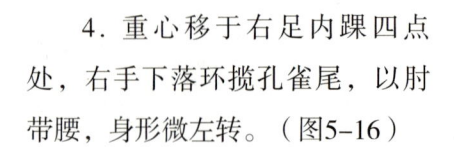

4. 重心移于右足内踝四点处，右手下落环揽孔雀尾，以肘带腰，身形微左转。（图5-16）

图5-16

5. 意想有一只孔雀走近身前，双目注视着美丽的孔雀，左手外翻，手心向内，左前臂轻贴孔雀之腹部，托向胸脯。三关竖起，左脚下意识地向前迈出，重心前移至左足内踝二点处，面向东南，双手将孔雀环抱于身前，内心萌生出宠爱孔雀的美感。（图5-17）

图5-17

内功诠释：

在三十七式太极拳术中，除"云手"一式以外，凡转动都是以肘带腰。在拳论中有"腰如磨盘"的讲法，磨盘实为人之胯，磨是人的腰，腰的动转是以两肘带动，肘就如同磨上的把，磨要安放在磨盘上，磨盘的稳固要靠两条腿，磨盘的转动要靠两肘，这就是以肘带腰内功的奥妙之处。

为避免重复，以后不再赘述，但切勿淡忘它的存在及其作用。

图5-17附图一

6. 胸内十字微吞，圆散的胯圈前端一松弛，将孔雀黏吸在两肩中，让孔雀无力可借而不能逃脱。（图5-17附图一）

37

7. 意气升腾，促使胯圈前端一张扬，黏带两肩外旋，促使孔雀蹿飞。（图5-17附图二）

图5-17附图二

8. 孔雀由两臂中蹿飞，三关竖立意气升发，黏引右手由右胯旁随之而起，使双手有掤送之意。双目注视孔雀的飞走。（图5-18）

图5-18

9. 瞬间感觉到掤起的意气散落于双手，融于两肘。以肘旋之意带动腰圈使身形微右转，步随身换，左足尖内扣，右足跟内旋，双目凝视身前意气，意气经胯圈直下入地，黏带两手向内翻转，双手手心向下沉于两胯旁，面向西南。（图5-19）

图5-19

第五章 拳术详解

10. 意气又从地下升出集向身前，促使身意竖直，意气受肩圈的辖束而沉向腹前圆散成球，引带双手外翻，促使两腿微蹲，臀部似坐在凳子上，有安逸舒展之美感。（图5-20）

图5-20

11. 意气在身前黏引右手上旋于右肩前，松拳舒掌，手心向下；同时黏引左手下旋于左胯前，松拳舒掌，手心向下。（图5-21）

图5-21

右揽雀尾

1. 意气之球黏带两手继续沿逆时针轨迹旋转，黏引右手由意气之球外缘下旋于右胯前，手心向内；同时黏引左手沿意气之球内缘上旋于右胸部，手心向下；以肘意带腰圈使身微右转，步随身换，左足尖内扣，右足跟内旋，重心后移于左足内踝四点处。（图5-22）

图5-22

39

2. 意想有一只孔雀走近身前，左手由上而下环绕抚摸孔雀尾部羽毛，右手外翻手心向上，由下而上轻轻托向孔雀胸脯，三关竖起，右脚向前迈出，重心前移至右足内踝二点处，面向西北。双手将孔雀环抱于身前，内心萌生一种对宠爱孔雀的美感。（图5-23）

图5-23

3. 胸内十字微吞，意气圆散，胯圈前端一松弛，将孔雀黏引吸在两臂中，让孔雀无力可借而不能逃脱。（图5-23附图一）

图5-23附图一

4. 意气升腾促使胯圈前端一张扬，黏带两臂微外旋，促使孔雀蹿飞。（图5-23附图二）

附：揽雀尾一式是单臂圈揽孔雀之尾，意想将孔雀粘吸在怀抱中，彼此之间毫无不适之处，犹如合为一体。这就是高层次功法中的"无即是有，有又如无"之玄奥。

图5-23附图二

5. 意气集于身前成球，沿顺时针方向在身前左上右下旋转，以肘意带腰微右旋，重心后移于左足内踝四点处。意气之球黏引左手上旋于右胸前，手心侧向右；同时黏引右手下旋于右胯前，手心向下。（图5-24）

图5-24

图5-25

6. 意气之球黏带两手继续沿顺时针方向在身前偏右而下，贴身偏左而上旋转，黏带左手下旋于腹前，手心向内，同时黏带右手上旋至两肩前方。（图5-25）

7. 胸中十字微吞，意气之球缩入胸中并引领双手随之回拢，手心相合。意气之球顺胸中十字之竖直落入地，刹那间意气又从地下涌出，由身前升腾催引双手掤起。此为掤之意气的运走。（图5-26）

图5-26

8. 瞬间掤起之意气受空中之气影响而折返，散落而下。被掤催起的两手外翻，手心向上承接散落之意气，犹如空中一个十字隐伏着下落，两手将十字之横擎接于两掌中。（图5-27）

图5-27

9. 散落的意气在身前圆散，促使身形后撤于三点前，黏带双手回拢圆散于中心十字之横，成弧形捋于胸前两侧，同时由于十字之横的回捋，使十字之竖被捋成弧形而两端向前挤，使十字交叉点的横竖相对拔拉萌发出挤与捋，此为捋之意气运走的第一次捋。（图5-28）

图5-28

10. 胸中一沉着，而意气仍在圆散，促使身形之重心后撤于三点后，黏带双手半握十字之横回捋于腹前，此为捋之意气运走的第二次捋。（图5-29）

图5-29

第五章 拳术详解

11.胸中又一沉着，意气仍在圆散，促使身形后撤至左足内踝前四点处，黏带双手握十字之横，回捋于腹部两旁，此为捋之意气运走的第三次捋。（图5-30）

图5-30

12.回捋之意气受胯圈后端的辖束，使意气由背后升腾，黏引双拳内翻变掌，手心朝下，左手贴向右腕，双手向肩前掤出，此为捋势中含掤之意。（图5-31）

图5-31

13.掤出之意气引促双手向身前合拢，沿顺时针轨迹旋绕于腹前，右手外翻，手心向上，意气旋入身内。（图5-32、图5-33）

图5-32 　　　　图5-33

43

14. 刹那间意气由身内涌出，引促双手牵领身内十字之竖两端，向肩气圈挤出，使十字之竖生弧，十字之横被牵拉成弧形，两端向后回捋；同时左足意气由右足底斜穿而出，使重心移于右足内踝二点处，此为挤之意。（图5-34）

图5-34

15. 意气受肩气圈辖束而折返，左手由右手虎口穿出外翻，意气涌入身内促使身形后撤，重心移于左足内踝四点处，双手随之沉向腹前，三关之意竖起。（图5-35、图5-36）

图5-35    图5-36

16. 涌入身内之意气由背后集散而出，受腰气圈的辖束在背部圆散。上行的意气向肩圈弧形掤出，由肩圈前端下按；同时下行的意气顺背后按出，顺胯圈弧形前掤，按掤之意遥遥相对；同时圆散的意气黏带身中十字横两端后捋而牵拉十字之竖两端向前挤出，催促身前掤按内劲。重心随之前移至右足内踝二点处，挤之意催促按掤内劲集向身前意气之球顶。面向西北，双目扩视身前。此为按拳架中隐含掤、捋、挤、按四种混合内功之理法。（图5-37）

图5-37

理法诠释：

从太极拳术精辟的"八法"中，可以理解到太极拳论隐藏着深奥的哲理。

在拳术套路中有目的地将"八法"编排在套路的开始部位，是有意识地让人在学练太极拳时，首先要理解"八法"在演练太极拳中是极其关键的劲法。在第一式揽雀尾的结尾就编插进掤、捋、挤、按四法，当学练者进入高境界功法，自然会理解到"八法"的顺序是一种以"阴阳"演绎孕生的论述。

在高境界功法中应视掤、按为纵向的劲法，捋、挤为横向的劲法，像一个垂直十字沿着十字中心点上下斥开，向上是掤，掤至十字端头自然散开而下，转变成按，由中心点向下则是按，按至十字端头自然散开而上又转变成掤。意想十字之横的两端向后成弧，必定将十字竖的两端牵拉向前挤出，相反竖的两端向前，横的两端必被牵拉向后。这就是捋中有挤，而挤中必有捋的不可分割的"开合相寓""对拉拔长"的混合劲法。

如果沿十字四端外缘，从十字横的一个端头向上掤，掤至十字竖的上端，就会变成按。下按到十字竖的底端头，就又会变成掤。这就是往返折叠之理，高境界的掤、捋、挤、按完全是以意气催促身形，以意气黏引双手旋绕，只有意气才能使几种内劲混合而出。

第二式　单鞭

1. 意气松散回落腹前，黏带双手外翻，两手心向上收于腰两旁，重心移至左足内踝四点处，右足尖内扣，以左旋肘之意带腰圈，身形微左转。（图5-38）

图5-38

2. 重心移于右足内踝四点处，左足跟内旋，意气由腹前升腾黏带双手内翻，两手心向下，双目注视身前，意气成球，以左旋肘之意，带腰圈身形继续左转，面向东南。（图5-39）

图5-39

3. 身前意气沿顺时针轨迹旋转弥散成立气圈，黏带双手上旋，右手旋于右肩上方，左手旋于左胸前方，双手手心向外。（图5-40）

图5-40

47

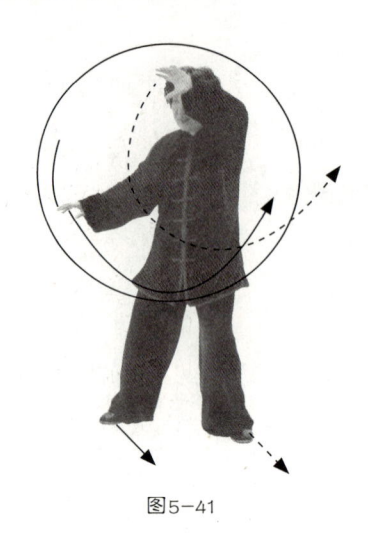

4. 立气圈黏带双手继续沿顺时针轨迹旋绕，黏带右手旋于腰右后方，手心向下，左手旋于头部右侧，手心向外。（图5-41）

图5-41

5. 立气圈沿顺时针轨迹，黏带双手由右后旋转于身前左方，同时催促左右足相继前移半步，重心移至左足内踝二点处，以左旋肘之意，带腰圈身形左转，左手随立气圈顶端十字之横而左旋，手心向外，右手旋于左胸前，手心向下，注视气圈顶端十字前方。（图5-42）

图5-42

6. 内气由胸中生发，集束向前催促右手；以手掌向立圈十字中心催发，以立圈十字之竖，催促平圈十字之横，身形微左旋，平、立圈中的内气使身形双手融为一个整体，面向东南。（图5-43）

图5-43

第五章　拳术详解

图5-44

7. 瞬间意气受球端十字辖束而分散折返，促使身形后移至右足内踝四点处，同时黏引双手外翻，两手手心向上，左手心贴向右手背，回落于胸前。（图5-44）

8. 意气集回胸部十字中心，以肘之意带腰圈，促使身形微右转，双目注视右肩前上方。意气黏引两手向内翻转，同时右手拢握意气、五指聚拢成钩状，钩尖向下，左手手指贴扶在右手腕内侧三分之一处。（图5-45）

图5-45

图5-46

9. 意气由胸部右端涌出，黏带双手旋出，右钩手由左掌下向前方穿出，左手手指贴扶于右腕左上侧，沿逆时针轨迹以右前臂桡骨部位意想沿弓之内弧向右肩前上方滚搓。双目注视右前上方。此为滚内劲。（图5-46）

49

10. 刹那间意气松散沉落，黏带右前臂沿顺时针轨迹，顺弓之内弧向左旋转，将左手贴扶的右臂桡骨前端部位，旋转成尺骨部位向下。双目注视两手前方。此为错内劲。（图5-47）

图5-47

11. 意气黏引右臂回返，右钩手被意气催促成钩尖向下，意气向肘部下沉，沿意想弓之外弧顺时针轨迹集于肘端，坠向腰圈，肘之意使腰圈微前荡。此为内劲之后折。（图5-48）

图5-48

12. 刹那间腰圈荡回升腾，催促右前臂沿意想弓之外弧，逆时针轨运走旋带，意气集向右钩手，引促钩手朝前下沉。双目注视前下方。此为内劲之前折。（图5-49）

图5-49

附：后折、前折的折内劲，非指形体的演示，都是意气之流动黏带引促前臂，方能掌握折之轴点，以便权衡内劲的阴阳变化，进入全体透空之化境。

13. 意气受肩圈的辖束而返回，集向右臂肘端，沿逆时针轨迹旋绕，同时催动腰圈沿顺时针轨迹旋绕，使腰、肘、腕相吸聚合向右身后旋转磨入。此为磨的向心力。（图5-50）

图5-50

14. 意气磨入而向左右两侧迂回，促使右肘、右腕继续沿逆时针轨迹旋绕，同时腰圈沿顺时针轨迹旋绕，使腰与肘、腕相斥分开，由身两侧旋出。此为磨的离心力。（图5-51）

图5-51

51

内功诠释：

在高境界功法中，单鞭之钩手，绝不是招术之应用。五指的聚拢成钩，是使五个指肚聚拢不让内气暂短间通出，"为之一蓄"。要在前臂中将所蓄内气找出一个内劲之点，前臂都要依靠这个点粘黏着沿弧线运走，弧线的运走可变，但在滚、错、折后、折前中，这个劲点是不能丢弃的，故称"移位点不变，劲断意不断"。只要五指聚拢的钩尖微一松，内气就由钩尖的朝向通出，而粘黏的劲点不变位为"发劲一贯穿"。

磨内劲：是意想肘端在腰圈上旋转研磨，引带腰圈使之产生相合的"向心力"，同时转成相斥的"离心力"。相互变转谓之"开合相寓"。

15. 以肘带腰，身形左转，左足尖外撇，同时引领左手似抚摸弓背之弧向左採挒。重心移至左足内踝二点处，右足跟外旋，面向东南。（图5-52）

图5-52

第五章 拳术详解

16. 左手沿逆时针轨迹旋转，手心向上，重心后移于右腿右足踝内四点处。（图5-53）

图5-53

17. 重心后移于右腿右足踝内四点处，以意领气，顺身中垂直线沉落入地，瞬间意气从左足前升腾而起集束成球，沿逆时针轨迹弧形旋向胸前，促使三关之意竖起，黏引左膝不经意自然提起，足尖松垂。（图5-54）

图5-54

18. 意气之球弥散，左膝随意气散开自然下落。（图5-55）

图5-55

53

19. 左足沉稳落地，刹那间新的意气又从左足前升腾而起，黏带左手上提。意气之球旋转经胸前旋向右前臂，意气融于两臂。（图5-56）

图5-56

20. 上肢两梢（梢为人体四肢的末端）节一空，左手内翻，手心向下，使意气回储于两肱，钟锤自然垂落于两腿间。使下肢两梢节呈现一空。由于四梢呈现全空，使身形生发出弛张之气势，犹如身备五弓向周围圆散，面向东南。（图5-57、图5-57附图）

图5-57 　　　　　　　图5-57附图

附：进入高境界功法时，是以意想的五张弓代替脊背、两臂、两腿产生一种内在的弛张相兼的内劲，同时做到两手两脚梢节虚空为"四梢空"，直至全身透空，以弓之意代替身形，故称"身备五弓"。

第三式　白鹤亮翅

注：传说前辈在创拳时观察到鹤在沙滩上栖息抖动双翅，鹤以翅膀梢在沙滩上刨撩出一个个沙窝，锻炼翅膀的飞行强度。由此将鹤的这种以柔克刚的一刨一撩的动作，编排在拳术中为一採一挒的练法。杨家太极拳术在白鹤亮翅中也留有沙窝底、沙窝帮和逆螺旋走肘的名词及练法。

1. 以肘带腰身形左转，重心前移于左腿左足内踝二点处，右足跟微微提起，面向正东。右手沉落右胯旁，五指松散。双目注视前方。（图5-58）

图5-58

图5-59

2. 以意气引领右手，似沿鹤之胸脯，外旋而出。左手如鹤之左翅，以翅膀尖抚在右翅膀上。周身意气直奔前方"鹄星"，周身羽毛似"目"，被鹄星之"纲"吮吸。双手犹如鹤之双翅向鹄星平挤，同时右足前移在左足旁，以足尖点地。双目凝视"鹄星"。（图5-59）

55

3. 鹄星消失，纲断目弛，周身意气回落，重心随之后移，右足跟下落，重心移于右足内踝四点处，意想左手似鹤之左翅搭于右翅上，如在沙滩上扑刨沙窝，身内外出现一种阴阳相吸相斥、对拉拔长的内劲。双手似柔软的翅尖刨撩出沙窝（为採之内劲）。（图5-60）

图5-60

4. 瞬间意想双手似鹤之左右双翅，以柔软的翅尖相互向右撩向沙窝边缘，意气由双手外侧，引领催促身形右前侧。双目注视右侧前方，为挒之内劲。（图5-61）

5. 心中一静，自然呈现心吞意纳，意气由身前十字之横黏吸右手回捋于胸前。内气由胸部十字之竖，黏促左手与左足足跟同时踏採。（图5-62、图5-63）

图5-61

图5-62

图5-63

6. 踏採后，内气由脚下升起，促使三关竖起。心中一静，浩然正气下沉，促使三道气圈从中分成六个半拉圈（分为六断架子）。意想周身左右分开，内气沉入胯圈由两胯旁升腾，意气引促左半边身体犹如向后错开，身形微左转，左足微微提起前移，以足尖点地。左侧半径圈有採、挒、捋内劲，黏引左手向左身旁採、挒、捋；同时意气引促右半边身体犹如向前错开，意想右面肩、腰、胯三个半径圈有掤、按、挤内劲，催促右臂向右前方逆螺旋掤起。内劲由背后圆散而出，通过肘端集束发出肘内劲；同时内劲在肩前向四外散发而出靠内劲。双目注视前方，面向正东。（图5-64、图5-65）

图5-64 　　　　　　　　　　图5-65

附：白鹤亮翅是模仿鹤在陆地栖息展翅的动作，在练拳时要使身外气势像鹤之羽毛顺其自然地张展。更深层的寓意是两臂要像鹤之双翅有轻柔的羽毛，又有一种刚毅的内在力，故谓"柔中有刚"，两臂模仿鹤之双翅，以求达到无手的境界。

第四式　左右搂膝拗步

左搂膝拗步

1. 心中一沉着，左足跟落实。意气围绕胸前旋转成圆球。由身左侧旋出，黏带左手上旋于左肩前方；同时由右侧旋回黏带右手下旋于右胯前。双目注视前方。（图5-66）

图5-66

2. 意气圆球继续黏带右手上旋于右肩前方，以左手手指贴扶在右前臂三寸处，双手向前伸展，右手犹如扶在一扇大玻璃面上；同时以肘带腰，身形微右旋，面向东南，重心前移于右腿右足内踝二点处。双目注视前方。（图5-67）

图5-67

注：图5-67所绘垂直虚线的上下端头是两个极点，进入高层次功法，意之运走也分阴与阳，有意为"阴中阳"，无意为"阴中阴"，在垂直线外侧带箭头的黑线为意想之线，是"阴中的阳"，在垂直线内侧带点的黑线为下意识之线，是"阴中的阴"。当意想之线向下运行，而下意识线已向上运行，垂直虚线的两个端头，就是阴阳变换之处。

第五章　拳术详解

3. 意气黏带右手手心向下，沿垂直虚线外侧旋绕欲进极点内侧，而下意识线已经旋绕出垂直虚线外。（图5-68）

图5-68

4. 右手由半握拳外翻成握拳，拳心向上，左手手指贴扶在右前臂内侧三寸处，受下意识线引领不经意右手外旋，手心向上上旋于胸前。（图5-69、图5-70）

图5-69

图5-70

59

5. 不经意右拳受下意识线引领上旋于肩圈前，鹄星显现，周身意气被鹄星吸引集向鹄星，犹如"纲举目张"。双目凝视鹄星。（图5-71）

图5-71

6. 瞬间鹄星消失，犹如"纲断目弛"周身气势回落，右拳与心中十字之间出现自然的相互吸引，右拳被吸于胸前。双目扩视身前。（图5-72）

图5-72

7. 当右拳与心中十字之间距离相近时，就会在不觉中自然又相斥分离，将右拳又斥向肩圈前。这就是太极拳术高层次功夫中的"阴阳相斥"，正如分子运动到一定距离会相吸，近到一定距离又相斥之道理一样。（图5-73）

图5-73

8. 意领内气由右脚涌泉而出，经右足外侧，沿身右侧升腾于右肩前圆散，黏带右手旋一圆圈（约15厘米），右手内旋，意领右手犹如从太极图阳面黑点穿出，于右肩前手心向外；同时意领左手下旋，犹如从太极图阴面中白圆点穿出，至左胯前，手心向下。（图5-74～图5-76）

图5-74

图5-75

图5-76

9. 弥散内气集向右手，黏带右手外旋，手心向上。内气沿右臂内侧聚集胸部而下沉，引带身形下落，内气从左臂内侧由左手通出，左手外旋拇指朝上。双目注视前方。（图5-77）

图5-77

10. 通出外气与内气融合旋转成球，沿逆时针轨迹旋转迅速增大回旋至身前，从左肩旋向左胸前，促使三关竖起，黏引左膝不经意向上提，足尖松垂。双目扩视前方。（图5-78）

图5-78

11. 意气之球逐渐扩散，引领左手内旋，从左膝前旋绕于左膝外侧，左膝落下。阴气从地下升腾，左足犹如踏在气团上，轻轻落下，故在太极拳谱中，有"迈步如猫行"的讲法。左足踏踩内气由左侧旋入胯圈，黏带左手回捋于左胯旁，手心向下，内气已旋向背后右侧，黏促右手内旋；挤向肩圈前，手心向下，重心移于左腿左足内踝二点处。面向正东，双目扩视前方。（图5-79～图5-81）

图5-79 　　　　　图5-80 　　　　　图5-81

第五章　拳术详解

右搂膝拗步

1. 意气在身前集聚成球，随重心后移于右腿右足踝内四点，意气圆球沿顺时针轨迹旋转，旋向身右侧。黏带右手外翻下旋于右胯前；同时黏带左手上旋于左肩前方。（图5-82）

图5-82

2. 意气圆球继续黏带右手上旋，以手指肚贴扶在左前臂内侧三寸处，双手向前伸展，左手犹如扶在一扇大玻璃面上；同时以肘带腰，身形微左旋。面向东北。重心前移于左腿左足内踝二点处，意想臀部如悬着一个十字，十字之竖向下延伸，十字之横即向两端疏散（此为十字竖松横必散，尾闾松垂胯自开）。向下延伸的十字之竖犹如一条假腿，随领起三关，贴向左腿，而不经意右腿轻松自如提起。双目注视前上方。（图5-83）

图5-83

3. 右足略前移下落，重心后移于右腿右足内踝四点处，意想两臂间有一条垂直虚线，以意气黏引双手从垂直虚线外侧下旋于胸前，而一条下意识线已由垂直虚线内侧升腾而起。双目注视前方。（图5-84）

图5-84

63

4. 意气黏带左手掌心向下，沿垂直虚线外侧旋绕进极点内侧，而下意识线已经旋出垂直虚线外。（图5-85）

图5-85

图5-86 　　图5-87

5. 左手由半握拳外翻变成握拳，拳心向上，右手手指黏扶在左前臂内侧三寸处，受下意识线引领不经意上旋于胸前。（图5-86、图5-87）

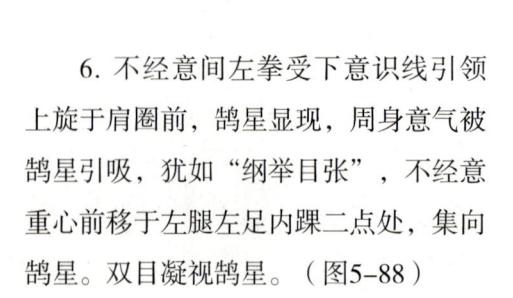

6. 不经意间左拳受下意识线引领上旋于肩圈前，鹄星显现，周身意气被鹄星引吸，犹如"纲举目张"，不经意重心前移于左腿左足内踝二点处，集向鹄星。双目凝视鹄星。（图5-88）

图5-88

第五章　拳术详解

图5-89

7. 瞬间鹄星消失，犹如"纲断目弛"周身气势回落。左拳与心中十字之间出现自然的相互吸引，左拳被引吸于胸前。（图5-89）

8. 当左拳与心中十字之间相近时，就会在不觉中自然又相斥分离，将左拳斥向肩圈前。（图5-90）

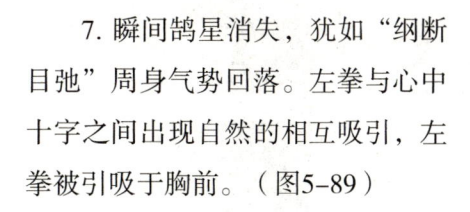

图5-90

图5-91

9. 意领内气由左脚涌泉而出，经左足外侧，沿身体左侧升腾于左肩前圆散，黏带左手旋一圆圈（约15厘米）。左手内旋，意领左手犹如从太极图阳面中黑点穿出至左肩前，手心向外；同时意领右手下旋，犹如从太极图阴面中白圆点穿出，下旋于右胯前，手心向下。（图5-91~图5-93）

图5-92　　　　　　　　　图5-93

10. 弥散的内气集向左手，黏带左手外旋，手心向上。内气沿左臂内侧聚集胸部而下沉，引带身形下落，再从右臂内侧由右手通出，右手外旋拇指朝上。双目注视前方。（图5-94）

图5-94

图5-95

11. 内气通出与外气融合旋转成球，沿逆时针旋转迅速增大回旋至身前，从右臂旋向右胸前，促使三关竖起，黏引右膝不经意间上提，足尖松垂。双目扩视前方。（图5-95）

第五章　拳术详解

12. 意气之球逐渐扩散，引领右手内旋，从右膝前旋于右膝外侧，右膝下落，阴气从地面升腾，右足犹如踏在气团上，轻轻落下。右足踏踩，重心前移于右腿右脚内踝二点处。内气由右侧旋入胯圈，黏带右手回捋于右胯旁，手心向下，内气已旋向背后左侧，黏促左手内旋，挤向肩圈前，手心向下，重心前移于右腿右足内踝二点处。双目扩视前方，面向正东。（图5-96～图5-98）

图5-96 　　　　图5-97 　　　　图5-98

左搂膝拗步

1. 意气在身前集聚成球，随重心后移于左腿左足左内踝四点，意气圆球沿逆时针轨迹旋转，旋向身左侧，黏带左手下旋于左胯前，同时黏带右手上旋于右肩前方。（图5-99）

图5-99

67

2. 意气圆球继续黏带左手上旋，以左手手指肚贴扶在右前臂内侧三寸处，双手向前伸展。右手如扶在一个大玻璃面上；同时以肘带腰，身形微右旋，面向东南。重心前移于右腿右足内踝二点处，意想臀部如悬挂着一个十字，十字之竖向下延伸，十字之横即向两端疏散（此为十字竖松横必散，尾闾松垂胯自开）。向下延伸的十字之竖犹如一条假腿，随三关领起贴向右腿，而不经意间左腿轻松自如提起。双目注视前上方。（图5-100）

图5-100

3. 左足略前移下落，重心后移于左腿左足内踝四点处，意想两臂间有一条垂直虚线，以意气黏引双手从垂直虚线外侧下旋于胸前，而另一条下意识线已经由垂直线内侧升腾而起。双目注视前方。（图5-101）

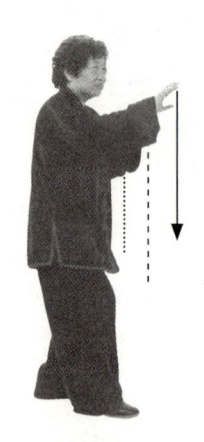

图5-101

4. 意气黏带右手半握拳，拳心向下，沿垂直虚线外侧，旋进极点内侧，而下意识线已经旋出垂直虚线外。（图5-102）

图5-102

5. 右手外翻握拳，拳心向上，左手指贴扶在右前臂内侧三寸处，受下意识线引领不经意间上旋于胸前。（图5-103、图5-104）

图5-103

图5-104

图5-105

6. 不经意间右手受下意识线引领上旋于肩圈前，鹄星显现，周身意气被鹄星引吸，集向鹄星，犹如"纲举目张"。双目扩视鹄星。（图5-105）

7. 瞬间鹄星消失，犹如"纲断目弛"，周身气势回落。右拳与心中十字之间，自然地出现一种相互吸引，右拳被引吸于胸前。（图5-106）

图5-106

8. 当右拳与心中十字之间距离相近时，就会在不经意中自然地又相斥分离，将右拳又斥向肩圈前。（图5-107）

图5-107

9. 意领内气由右脚涌泉而出，经右足外侧沿身体右侧升腾于右肩前圆散，黏带右手旋一圆圈（约15厘米），右手内旋意领右手犹如从太极图阳面里黑圆点穿出，至右肩前手心向外；同时左手下旋从太极图阴面中白圆点穿出至左胯前，手心向下。（图5-108～图5-110）

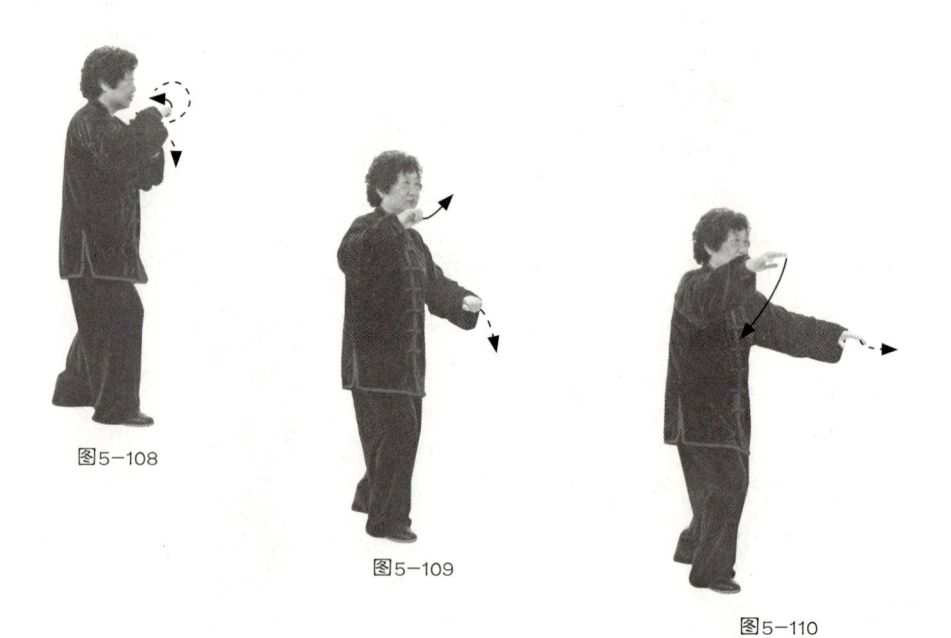

图5-108

图5-109

图5-110

10. 弥散内气集向右手，黏带右手外旋，手心向上，内气沿右臂内侧聚集于胸部而下沉，引带身形下落，内气从左臂内侧由左手通出，左手外旋、拇指朝上。双目注视前方。（图5-111）

图5-111

11. 通出内气与外气融合，旋转成球，沿逆时针轨迹旋转，迅速增大回旋身前，从左臂旋向左胸前，促使三关竖起，黏引左膝不经意间上提，足尖松垂。双目扩视前方。（图5-112）

图5-112

12. 意气之球逐渐扩散，引领左手内旋，从左膝前旋绕于左膝外侧，左膝落下，阴气从地面升腾，左足犹如踏在气团上轻轻落下。左足踏踩，内气由左侧旋入胯圈，黏带左手回捋于左胯旁，手心向下。内气旋向背后右侧，黏促右手内旋，挤向肩圈前，手心向下。重心前移于左腿左足内踝二点处，面向正东。双目注视前方。（图5-113～图5-115）

图5-113

图5-114　　　　　　　　图5-115

理法诠释：

按照太极拳谱的论述、引导，习练者由单一的形体演练自然地循序渐进，方能理解到形体的演练要依靠意气的引催。在"搂膝拗步"一式中的"直肘撤身、曲肘进身"就是依靠意气的引吸和催促来完成，进入高层次功法时会发现阴与阳的相互演变。例如阴阳吸斥，阴与阳之间是由一个点来集散，阴阳的相吸是由这个点将两端吸于中间点，谓之"对拉"；刹那间仍由这个点向两端斥出，谓之"拔长"。两端的中心即是十字的中心点，十字横与竖都是这一个中心点。例如，在十字之竖向两端松开时，横自然也随之向两端散开，有"十字竖松，横必散"的说法。太极拳的内气是由中心向四外通出，谓之"一开无不开"。相反地由四端合向中心是"一合无不合"。

在人的身上可以说处处都有意想的大、小各异的十字，如胸前意想的十字可变大、变小、前后移动，但身体心中的十字是永不变

72

的。例如"搂膝拗步"中臀部的十字之竖即是尾闾，尾闾一松垂而胯自然横向散开，这个十字是赖于解决太极拳中腰、胯不易松开的关键之法，臀部十字之竖是意想一条假腿，以这条假腿引领真腿，才能做到拳谱中的要求"重意不重形"，这就是在太极拳术中强调"阴阳演变"的重要性。

在"搂膝拗步"一式中有手扶向玻璃面的讲法，这是高境界功法要求做到的"手非手"的演练，意想手犹如扶在大玻璃面上，而真手就成为阴，由于要以阴面之手去扶玻璃面，所以，阴手又转变成阴面中的阳。意想的大玻璃面也是阴、是静止不动的，所以称它为"阴中阴"，这样才能认识到阴、阳相互转变，阴阳辩证的理法。

第五式 手挥琵琶

1. 左前方鹄星显现，周身被鹄星吸引，身形左旋，重心前移于左腿左足内踝二点处，右足跟提起，双手被鹄星吸引，右手向左前方伸展，左手上旋。面向东北，双目凝视前方。（图5-116）

图5-116

图5-117

2. 刹那间鹄星消失似"纲断"，身形微右旋，意气回向身前，右足前移踏实，内气沉向腹部，引黏双手外旋下落于腹前，手心向上，面向正东。（图5-117）

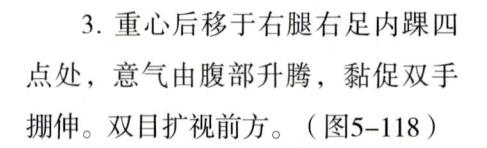

3. 重心后移于右腿右足内踝四点处，意气由腹部升腾，黏促双手掤伸。双目扩视前方。（图5-118）

图5-118

第五章　拳术详解

4. 意气由身前下落引黏双手内旋，拢内气于腹前，手心向下，双手似扶于琵琶面板上，左足前移，足跟着地，足尖微跷，使内气圆聚腹部，如琵琶之肚，从两手中间向前顺琵琶杆集束通出。双目凝视前方。（图5-119）

图5-119

注："手挥琵琶"一式，顾名思义，它是培养揉手中的一种内功劲法的"集束劲"，使弥散内气在身前集聚，又能使内气集束通出。

二 路

第六式　左右倒撵猴

第七式　白蛇吐信

第八式　转身单摆莲

第九式　搂膝指裆捶

第十式　左右金鸡独立

第十一式　抱虎归山

二　路

第六式　左右倒撵猴

左倒撵猴

1. 瞬间意气回返，黏引双手拢握意气于身前，半握拳，拳心向下，左足尖落下。（图5-120）

图5-120

图5-121

2. 意气向胸部十字中心集束，顺十字之竖上下两端分散，上行意气散出肩气圈，黏引右掌心扶于肩气圈内侧；同时下行意气散出胯气圈，黏引左掌心侧扶在胯气圈。（图5-121）

3. 刹那间意气圆球融散下沉，引带双手，右手心贴左手背相互叠垒沉落于裆前，内气引促双手将一条意识线直按尾闾。（图5-122）

图5-122

4. 意识线引带双手半握拳，两腕交搭，右拳在外，以左拳拳心贴向腹部，由尾闾斜下而出，牵拉着三关后撤。（图5-123）

图5-123

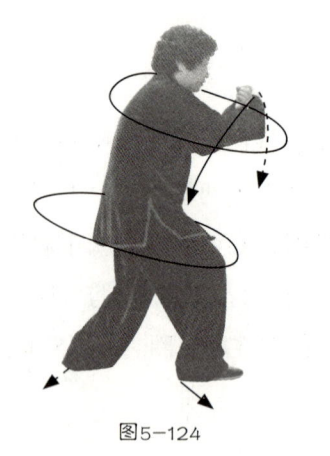

5. 受三关后撤影响，引带臀部后倚，意气由胯后升腾于背后，向两臂迂回通出，引促双拳外翻掤向肩气圈前端。左腿于不经意间后撤，足尖着地。（图5-124）

图5-124

第五章 拳术详解

6. 意气回返沉向腹部，引带右拳内翻，下旋贴向腹部；同时左手变掌，手心向内，下落于右肘外；左足跟下落，重心后移于左腿左足内踝四点处，右足跟外撇。（图5-125）

图5-125

7. 瞬间意气由腹部升腾，促使三关竖起，黏带右臂外翻，引促右拳向肩气圈掤挤，拳心向上，由身前生发阴阳相斥，相互拔长内劲，促使身形后倚，黏带左手外翻将向左胯旁，手心向上。（图5-126）

图5-126

8. 刹那间身前意气突变成阴阳相吸，相互对拉，引领右拳内翻舒展成掌，手心向下。鹄星在远方显现，吸引右手指向鹄星，双目凝视前方，身形后倚，意气又转为相斥拔长，面向正东。（图5-127）

图5-127

79

右倒撵猴

1. 鹄星消失，意气回返，黏引双手拢握意气于身前，半握拳，拳心向下。（图5-128）

图5-128

2. 意气向胸部十字中心集束，顺十字之竖上下两端分散，上行意气散出肩气圈，黏引左掌心扶于肩气圈内侧；同时下行意气散出胯气圈，黏引右掌心侧扶在胯气圈。（图5-129）

图5-129

3. 刹那间意气圆球融散下沉，引带双手，左手心贴右手背，相互叠垒沉落裆前，内气引促双手将一条意识线直按尾间。（图5-130）

图5-130

4. 意识线引带双手半握拳，两腕交搭，左拳在外，以右拳拳心贴向腹部，由尾闾斜下而出，牵拉着三关后撤。（图5-131）

图5-131

5. 受三关后撤影响，引带臀部后倚，意气由胯后升腾于背后，向两臂迂回通出，引促双拳外翻，掤向肩气圈前端，右腿不经意间后撤，足尖着地。（图5-132）

图5-132

6. 意气回返沉向腹部，引带左拳内翻下旋贴向腹部；同时右手变掌，手心向内落于左肘外，右足跟下落，重心后移于右腿右足内踝四点处，左足跟外撇。（图5-133）

图5-133

7. 瞬间意气由腹部升腾，促使三关竖起，黏带左臂外翻，引促左拳向肩气圈掤挤，手心向上，由身前生发阴阳相斥、相互拔长之内劲，促使身形后倚，引带右手外翻将向右胯旁，手心向上。（图5-134）

图5-134

8. 刹那间身前意气突变成阴阳相吸，相互对拉，引领左拳内翻舒展成掌，手心向下。鹄星在远方显现，吸引左手指向鹄星，双目凝视前方，身形后倚，意气又转为相斥拔长，面向正东。（图5-135）

图5-135

理法诠释：

在太极十三势中，有退势讲法，即"倒撵猴"一式，进入高层次功法中，自然意识到退是缓计，而进才是目的。要做到退中有进、进中有退，单从形体上要求是做不到的，只有依靠内功劲法意气之功。例如，"倒撵猴"一式中退步时，而意气却是进的，才能同时做到阴阳吸斥、对拉拔长。阴阳相吸时，由于已有斥的存在才产生了吸，又如对拉拔长，当向中心点对拉时，同时中心点已产生向两端拔长，这即是阴阳互育、相互转化的道理。从猴子掠夺食物的动作中，不难看出猴子的退闪是为了进取。故在"倒撵猴"的招术中，要想做到开合相寓，必须依靠意气引促形体方能完成。

第五章　拳术详解

第七式　白蛇吐信

1. 鹄星消失，意气沿身前右旋，引领身形右转，左足尖内扣；同时黏带左手右旋于左肩前，右手下落于右胯前，面向正南。（图5-136）

图5-136

2. 意气引领身形继续右旋，重心后移于左腿左足内踝四点处，右脚微前移，足尖外撇。左手沿顺时针轨迹旋于右胯前，右手沿逆时针轨迹旋于右胸前，面向西南。（图5-137）

图5-137

3. 重心前移于右腿右足内踝二点处，意气由胸前集束，沿逆时针轨迹旋转，引促右手下旋；同时左手外翻上旋。双目凝视前上方。（图5-138）

图5-138

83

4.瞬间意气由身前逆螺旋而出，黏促右手向前沉落，手心向下，意想大蛇似沿左腿攀缘左肩，引领左足前移于右足前；同时左臂似大蛇而出，左手手心向上，左手如大蛇之信吸吞。双目凝视左前方，面向西南。（图5-139）

图5-139

内功诠释：

在太极拳的传授中，对"白蛇吐信"一式有不同的讲法，有的认为左手演练白蛇吐信掌心应向下，也有的认为白蛇吐信以左手穿出，应称为左穿掌，但这都是形体演练之争议，前辈健侯公所授的是一种内功劲法，意想左手似蛇之信，是一种"吮吸"的内功练法。

第五章　拳术详解

第八式　转身单摆莲

图5-140

1. 以肘带腰，腰如磨盘而右旋，使肩气圈与胯气圈左右相斥；同时右手内翻，手心贴于左腋下。（图5-140）

2. 意气在身前沿顺时针轨迹旋转成额状形大气圈，黏带右脚向左旋绕而起；同时黏带左手向右旋绕。右足与左手在腰前相互擦碰。面向正西，双目注视前方。（图5-141）

图5-141

注：太极拳前辈看转身单手摆脚，犹如单手摆弄莲花骨朵儿，故称之为"转身单摆莲"。

第九式　搂膝指裆捶

1. 刹那间大气球在身前旋散，黏带右脚下落于左足旁，两手相斥而分，黏带右手外翻上旋于右肩前，手心向下，左手下旋于左胯旁。面向正西。（图5-142）

图5-142

2. 胸中一吞，意气集聚胸部旋转成球，沿顺时针轨迹旋转黏引左手上旋于胸前，黏促右手下旋于腹部。（图5-143）

图5-143

3. 意气之球继续沿顺时针轨迹旋转，黏引右手弧形旋于右肩右侧前方。黏促左手弧形旋向右前臂，以手指贴扶右前臂三寸处。（图5-144）

图5-144

第五章　拳术详解

4. 以肘带腰，身形微右旋，重心前移于右腿右足内踝二点处。双手向前伸展，右手犹如扶在一扇大玻璃面上。面向西北，双目注视前方。（图5-145）

图5-145

5. 意气黏带右手手心向下，沿垂直虚线外侧旋绕欲进极点内侧，而下意识线已经旋出垂直虚线外。（图5-146）

图5-146

注：图5-146所绘垂直虚线的上下端头是两个极点。进入高境界功法，意之运走也分阴阳，有意为"阴中之阳"，无意为"阴中之阴"。在垂直虚线的外侧，带箭头的黑线为意想之线，是"阴中之阳"。在垂直虚线的内侧，带点的黑线为下意识线，是"阴中之阴"。当意想之线向下运行，而下意识线已向上运行，垂直虚线的两个端头，就是阴阳变换之处。

87

6. 右手由半握拳外翻成握拳，左手手指贴扶在右前臂内侧三寸处，受下意识线引领不经意间右拳外旋，手心向上，上旋于胸前。（图5-147、图5-148）

图5-147

图5-148

7. 不经意间右拳受下意识线引领上旋于肩圈前，鹄星显现，周身意气被鹄星引吸集向鹄星，犹如"纲举目张"。双目凝视鹄星。（图5-149）

图5-149

8. 瞬间鹄星消失，犹如"纲断目弛"周身气势回落。右拳与心中十字之间自然地出现一种相互吸引，右拳被引吸于胸前。双目扩视身前。（图5-150）

图5-150

9. 当右拳与心中十字之间距离相近时，就会不经意中自然地又相斥分离，将右拳又斥向肩圈前。（图5-151）

图5-151

10. 意领内气由右脚涌泉而出，经右脚外侧，沿身体右侧升腾于右肩前圆散。黏带右手旋出一圆圈（约15厘米），右手内旋，意领右手犹如从太极图阳面黑圆点中穿出，至右肩前，手心向外；同时左手下旋从太极图阴面白圆点穿出于左胯前，手心向下。（图5-152～图5-154）

图5-152

图5-153

图5-154

11. 弥散的内气集向右手，黏带右手外旋，手心向上，内气沿右臂内侧聚集至胸部而下沉，引带身形下落，内气沿左臂内侧由左手通出，左手外旋，拇指朝上。双目注视前方。（图5-155）

图5-155

12. 通出内气与外气融合，旋转成球。沿逆时针轨迹旋转，迅速增大回旋身前，从左臂旋向左胸前，促使三关竖起，黏引左膝不经意上提，足尖松垂。双目扩视前方。（图5-156）

图5-156

13. 意气之球逐渐扩散，引领左手内旋，从左膝前旋绕于左膝外侧，左膝下落，阴气从地下升腾，左足犹如踏着气团轻轻落下。左足踏踩，内气由左侧旋入胯圈，黏带左手回捋于左胯旁，手心向下。内气旋经身后，向腰胯圈右侧旋出，黏促右手内翻握拳，拳眼向上。重心前移于左腿左足内踝二点处，意气引领右前臂沿弧线而出，相继催出五条平型线，齐至前方垂直面，此为"指裆捶"。面向正西，双目扩视前下

方。(图5-157~图5-159)

图5-157　　　　图5-158　　　　图5-159

内功诠释：

　　前辈健侯公在高层次的太极拳功法中阐明，在太极拳架中虽有5种不同的以握拳成捶的演示，但汪先师仍示意，它们在太极拳势中的运走几乎都是以掌演练。进入揉手，不以掌去发人，更无拳发人之说，而掌和拳都是通出意气之功来催发人。例如，"指裆捶"一式中，是以拳指向对方裆部的意气催发，意想以弧形前臂的侧内劲撺出五条平行线，这样才能理解这五条平行线是手掌五个手指的意念，了解手非手的道理。进入功深时就越发明白，手不是想象成越长越好。恰恰相反，手是越短而意才越远。汪先师讲："他自己的手是在肩头。"而"指裆捶"只要求手之意置于肱部。

　　后人已发现太极拳术的内功为"平侧、侧平、平侧平"，是平内劲与侧内劲相互配合而产生的意气之奥妙！

第十式　左右金鸡独立

左金鸡独立

1. 意气松散，逆螺旋集于身前，黏带双手合向腹前，右手外翻，手心向上，旋引于意气之球下；同时左手旋引于球上，手心向下，双手合拢于腹前。刹那间意气由双手合拢，圆球中心又顺螺旋而旋出，三关竖起。双手相互拔长而又分离。双目注视身前。（图5-160）

图5-160

2. 瞬间晨光从崇山峻岭中射出，映向身后，促使身前意气随之扩散，黏引右手旋于右肩前方，食指朝上，黏引左手旋于左胯旁，手心向下；同时右足跟提起。双目注视远方。（图5-161）

图5-161

第五章　拳术详解

图5-162

3. 身后感到晨曦中太阳光束的照射，精神振奋。三关竖立。于不经意中右膝提起，足尖松垂，面向正西。双目扩视前方。（图5-162）

右金鸡独立

1. 阴阳之气相互的孕生瞬变，意气逆螺旋集于身前，促使右腿下落于左足旁，重心移于右腿右足内踝四点处。右手内翻，手心向下，旋引于意气之球上端；同时黏带左手旋引于意气之球下端，双手合向腹前。左手外翻，手心向上旋引，意气黏促双手相互拔长而离分。双目注视身前。（图5-163）

图5-163

图5-164

2. 瞬间晨光从崇山峻岭中射出，映向身后，促使身前意气随之扩散。黏引左手旋于左肩前方，食指朝上，黏引右手旋于右胯旁，手心向下；同时左足跟提起。双目注视远方。（图5-164）

93

3. 身后感受到晨曦时太阳光束的照射，精神振奋。三关竖立，于不经意中左膝提起，足尖松垂。面向正西，双目扩视前方。（图5-165）

图5-165

理法诠释：

在晨曦演练太极拳术是获取阴阳二气衍变的最佳时刻。晨曦的阳升阴降，是静与动的相互转化。晨曦时可以从远岫中见到稀薄游动的云气，一会飘去，一会飘回，这就是太极拳术内功所叙述的理法——阴阳二气在天地中相互孕生的一种自然现象。"孕是分之合、生是合之分"，万物皆此理。

在"金鸡独立"一式中演练的顺螺旋之时，必然会孕生相反的逆螺旋。太极拳术理法中所述"开合相寓"是完全符合自然规律的。

第十一式　抱虎归山

1. 意气松散，逆螺旋集于身前，促使左腿下落于右足旁。重心移于左腿左足内踝二点处；同时左手下旋于左胯前，黏引右手上旋于右肩前。面向正西。（图5-166）

图5-166

2. 意气在身前沿逆时针轨迹旋转成球，黏引双手同时旋转，两手由圆球前后顶端旋绕；右手下旋于右胯前，手心向内；左手上旋于右胸前，手心向下。（图5-167）

图5-167

3. 意想有一只孔雀走近身前，左手由上而下环绕抚摸孔雀尾部羽毛。重心移于左腿左足内踝二点处，以肘带腰身形微左转。面向西北，双目注视身前孔雀。（图5-168）

图5-168

4. 右足向前迈出，重心前移于右腿右足内踝二点处。右手外翻手心向上，由下而上轻轻托向孔雀胸部，三关竖起，双手将孔雀环抱于身前，内心萌生宠爱孔雀的美感。（图5-169）

图5-169

5. 胸内十字微吞，意气圆散，胯圈前端一松弛，将孔雀黏引吸在两臂中，让孔雀无力可借而不能逃脱。（图5-169附图一）

6. 意气升腾促使胯圈前端一"张扬"，黏带两臂微外旋，促使孔雀蹿飞。（图5-169附图二）

图5-169附图一

图5-169附图二

7. 意气集于身前成球，沿顺时针轨迹在身前由左后侧向右前侧斜方向旋转。以肘带腰微右旋，重心后移于左腿左足内踝四点处，意气之球黏引左手上旋于左胸前方，手心向内；同时黏引右手下旋于腹前，手心向下。（图5-170）

图5-170

8. 意气圆球沿顺时针在身前继续斜方向旋转，黏引左手旋于右肩前，手心向下；同时黏引右手旋于左腹前，手心向右。（图5-171）

图5-171

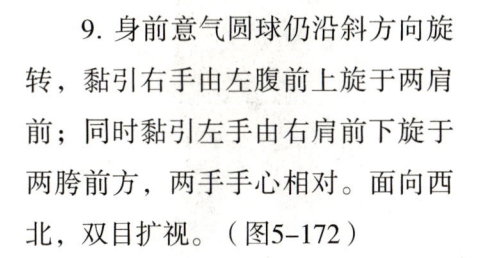

9. 身前意气圆球仍沿斜方向旋转，黏引右手由左腹前上旋于两肩前；同时黏引左手由右肩前下旋于两胯前方，两手手心相对。面向西北，双目扩视。（图5-172）

图5-172

97

10. 意气圆球顺时针旋向身外右侧；弧形下沉，引领身形微右旋，弓身屈膝，重心移于右腿右足内踝二点处，黏引左手在上、右手在下，两手手心相对，环抱于右膝外侧。（图5-173）

图5-173

11. 意想一只老虎走近身旁，随即身体下蹲，右手掌贴虎背绕于虎身右侧，手心外翻插抱虎右前腿腋，同时左手手掌直插虎左前腿腋，双手环抱虎两腋。双目凝视虎头。（图5-174）

图5-174

12. 背部劲源处犹如被一杆大秤钩着上提，使双手在不经意中将虎抱于胸前，秤钩的旋动使身形微右旋，将虎抱于右腿前。此为"抱虎归山"。（图5-175）

图5-175

第五章 拳术详解

13. 虎在身前挣脱欲逃，随虎蹿跳之劲，三关竖起。双手顺虎逃脱方向，将虎向前送出，双目注视虎逃方向。此为"抱虎推山"。（图5-176）

图5-176

附："抱虎归山"一式，是汪师得自师爷健侯公的秘传，受师爷的嘱托，不要轻易传出，直到汪师晚年在中国社会科学院讲拳，方将此秘传练法和内功修炼法传授出，故世人知此秘传者甚少。

内功诠释：

杨家在太极拳术"抱虎归山"一式中有"秤毫提劲源，身腾抱虎还"的叙述，这就是太极拳内功劲法的玄妙。但汪先师也不肯轻易讲出内功修炼的方式方法，只讲劲源和胸部的十字，是内功劲法之关键所在。余经过二十余年的探研体会，意之源泉来自人体胸中，是人体阴面之阳点。而在人体中是将内气存储于背部，是阳面之阴点。阴点与阳点相互配合在太极拳体用中是不可思议的能源，称之意气之功。高层次的意气修炼是以背部内气与外气融合，谓"背贴气"，它在拳术体用中能够产生意想不到的奥妙。在"抱虎归山"一式中的"秤毫提劲源"显非拙力所为，身腾抱虎更是顺势借力而已。

99

14. 意气圆散集束于胸前，促使三关竖起，身体后撤，重心移于三点后，黏带双手回拢身前。意气圆散于身前十字中心之横，双手半握拳，捋成弧形于身前两侧；同时由于十字之横的回捋，使十字之竖两端被捋成弧形而向前挤去，使十字交叉点的十字横与竖，相对拔拉萌发出挤与捋。此为捋挤混合内劲。面向西北，双目扩视。（图5-177）

图5-177

15. 胸中一沉着，意气仍在圆散，促使身形后撤，中心移于左足内踝四点处。黏带双手仍回拢于身前圆散中的十字中心之横，回捋于胯旁；同时由于十字之横再捋，使身形十字之竖两端弧形加大再度前挤。此为捋挤混合内劲的再次捋。（图5-178）

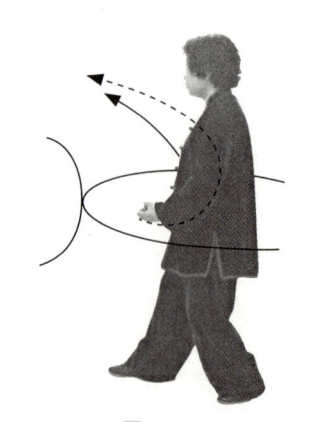

图5-178

16. 回捋之意气受胯圈后端辖束，使意气由背后升腾，黏引双拳内翻，变掌而上旋。手心朝下，左手贴向右腕，向肩前掤出。此为捋势中含掤混合内劲。（图5-179）

图5-179

100

17. 掤出意气引促双手在身前合拢，沿顺时针轨迹旋绕，右手外翻，手心向上，左手以手指贴扶右腕三寸处，双手旋于腹前，意气旋入身内。（图5-180、图5-181）

图5-180　　　　　　图5-181

18. 刹那间意气由身内涌出，引促双手牵领身内十字竖两端向身前挤出，十字之竖生弧，而十字之横必被牵拉成弧形，两端向后回将，同时左足意气由右足底斜穿而出，使重心称移于右足内踝二点处。双目扩视前方。此为挤含将混合内劲。（图5-182）

图5-182

19. 意气受肩气圈辖束而折返。左手由右手虎口穿出外翻，意气涌入身内，促使身形后撤，重心移于左足内踝四点处。双手随之旋向腹前，三关之意竖起。（图5-183、图5-184）

图5-183 　　　　　　　　　图5-184

20. 涌入身内意气由背后集散而出，受腰气圈的辖束，在背部圆散。上行的意气向肩圈弧形掤出，由肩圈前端下按；下行的意气顺腰后下按，沿胯圈弧形前掤，使按掤之意遥遥相对，同时圆散的意气黏带身中十字之横两端后捋，而牵拉十字之竖两端向前挤出，催促身前掤按内劲，重心随之前移至右足内踝二点处，挤之意催促按掤内劲集向身前意气之球顶。面向西北，双目扩视身前。此为按拳架中隐含掤、捋、挤、按四种混合内劲之理法。（图5-185）

图5-185

三　路

第十二式　一合一开云手

第十三式　高探马

第十四式　右左分脚

第十五式　左右伏鹊式

第十六式　右蹬脚

第十七式　双峰贯耳

第十八式　搂膝栽捶

三　路

第十二式　一合一开云手

1. 心中一沉着，意气圆散，黏引双手外翻，手心向上。重心后移于左腿左足内踝四点处。面向西北，双目注视身前。（图5-186）

图5-186

2. 意气集向胸前，黏带双手回旋于胸前，手心向内，三关竖起。以肘带腰，身形左转，步随身换，右足尖内扣，面向正西。（图5-187）

图5-187

第五章 拳术详解

3. 意气顺胸前下旋，黏带双手内翻，手心向下，重心移于右腿右足内踝四点处，以肘带腰身形左旋，步随身换，左足跟内旋。面向正南，双目注视前方。（图5-188）

图5-188

4. 意气沿逆时针轨迹向身前左侧旋出，黏带左手旋于左肩前上方；同时左足向左横移，右手半握拳外翻，拳心向内。（图5-189）

图5-189

5. 意气之球继续沿逆时针轨迹旋转，黏带左手下旋于左胯前，手心向下；同时右手握拳微外翻。重心前移于左腿左足内踝二点处。（图5-190）

图5-190

105

6. 意气之球逆螺旋，向左前方集旋，黏带右拳上旋于肩圈右前方；同时黏带左手，下旋于左胯。鹄星一现即无，周身意气将被引吸斥返，心中一怔，不经意间双目扩视东南隅角内。（图5-191）

图5-191

7. 意气回返，黏引右拳合回身前；同时黏引左手仍回落于左胯旁，意气集入胸中沉注于胯圈，受意气斥返胯圈后端微扬，重心后移于右腿右足四点处。此为一合一开云手的第一次合，面向东南，要求合要合到身后。（图5-192）

图5-192

8. 左前方茫点出现，引吸胯圈前端微扬，重心前移于左腿左足内踝二点处，三关竖起，胸中意气涌出，黏带右拳舒展成掌向前掤展，集向茫点，双目扩视前方。此为一合一开云手的第一次开，面向东南，要求开向茫点。（图5-193）

图5-193

第五章　拳术详解

9. 受茫点影响，三关引领右足提起，左手外翻，意气沿逆时针轨迹旋绕于右足底，意想左手领起右足将之拉向左足旁，左足随之落于右足旁（两脚相距15厘米），瞬间茫点迷离，重心移于右腿右足内踝二点处。双目注视前方。（图5-194、图5-195）

图5-194

图5-195

10. 茫点弧形旋绕于右侧上方，双目扩视到茫点，心中一定，内气沉注腰中散出腰气圈。两手在胸腹之间上下相对，右手在上，两手心皆朝内，拇指朝上。以腰圈带动两肘使身形右转，左足跟外旋，重心移于左腿左足内踝四点处。面向西南隅角内，此为一合一开云手之右云。（图5-196）

图5-196

107

11. 茫点消失，意气回返身前顺旋成球，黏带右手沿球前端旋落于右胯前，手心向下；同时黏带左手沿球后端旋升，变握拳旋向左肩前，拳心向内。鹄星一现即无，周身意气将被吸引而斥返。心中一怔，不经意间双目扩视西南隅角内。（图5-197）

图5-197

12. 意气回返黏引左拳合回身前；同时黏引右手仍回落于右胯旁。意气集入胸中沉注于胯圈，受意气斥返胯圈后端微扬。重心后移于左腿左足内踝四点处。此为一合一开云手的第二次合，面向西南，要求合要合到身后。（图5-198）

图5-198

13. 右前方茫点显现，引吸胯圈前端微扬，重心前移于右腿右足内踝二点处。三关竖起，胸部意气涌出，黏带左拳舒展成掌向前掤展，集向茫点，双目扩视前方。此为一合一开云手的第二次开，面向西南，要求开要开向茫点。（图5-199）

图5-199

第五章　拳术详解

14. 受茫点影响，三关引领左足跟提起，右手外翻，意气沿顺时针轨迹旋绕于左足，意想右手犹如将左足向后推离右足一步，左足后撤。重心移于左腿左足内踝二点处，双目注视前方。（图5-200）

图5-200

15. 茫点弧形旋绕于左侧上方，双目扩视茫点。心中一定，内气沉注腰部散出腰气圈，两手在胸腹之间上下相对，左手在上，两手心皆朝内，拇指朝上。以腰圈旋转带动两肘使身形左转，右足尖内扣，重心移于右腿右足内踝四点处。左足跟内旋，面向东南隅角内。此为一合一开云手之左云。（图5-201）

图5-201

16. 茫点消失，意气回返身前顺旋成球，黏带左手沿意气之球前端旋落于左胯前，手心向下；同时黏带右手沿球后端旋升，变握拳旋向右肩前，拳心向内。重心前移于左腿左足内踝二点处。鹄星一现即无，周身意气将被吸引斥返，心中一怔，不经意间双目扩视东南隅角内。（图5-202）

图5-202

109

17. 意气回返黏引右拳合回身前；同时黏引左手仍回落于左胯旁，意气集入胸中沉注于胯圈。受意气斥返而胯圈后端微扬，重心后移于右腿右足内踝四点处。此为一合一开云手的第三次合。面向东南，要求合要合到身后。（图5-203）

图5-203

18. 左前方茫点显现，引吸胯圈前端微扬，重心前移于左腿左足内踝二点处。三关竖起，胸部意气涌出，黏带右拳舒展成掌向前掤展，集向茫点。双目扩视前方。此为一合一开云手，面向东南的第三次开，要求开要开向茫点。（图5-204）

图5-204

19. 受茫点影响，三关引领右足跟提起。左手外翻，沿逆时针轨迹旋绕于右足底，意想左手领起右足，拉向左足旁下落（两脚相距15厘米）。瞬间茫点迷离，重心移于右腿右足内踝二点处。双目注视前方。（图5-205、图5-206）

图5-205　图5-206

110

理法诠释：

余跟从汪师学艺多年，发现杨家拳术仍有秘而不释的说辞，例如在云手一式中，一合一开问"鹄星"时，要求在"90°角"里，而在两合两开和三合三开问"鹄星"时又要求在"90°角"外，余多年后方悟出隐含于其中的拳术，"鹄星"是个实点，必须要"避实就虚"，要使发点与落点相对方能成功。有"点边求"才能得到拳术中的奥妙。汪师曾经提出拳法之术在于通，指明不要被"鹄星"这个点阻碍，所以在演练云手时要特别重视"鹄星"90°角里、外的区分。

内功诠释：

杨家秘传老套路太极拳练法中，只有在云手一式中是"以腰带肘"，其他几乎都是"以肘带腰"。强调"以肘带腰"是突出肩圈为主，两肘带动腰圈，由腰圈再传动给胯圈，形成肩、腰、胯之间的相互驱动。而"以腰带肘"则是突出腰圈为主，下传带动胯圈。因为人体腰圈与肩圈相距较远，所以还要依靠两肘带动肩圈，是以腰圈为轴上下驱动肩胯。"以腰带肘"，在云手一式中上下肢的左右旋动，手与足的相互配合，恰如云层在空中翻飞变幻，云团的中心即是人体之腰。

两合两开云手

1. 茫点弧形旋绕于右侧上方，双目扩视到茫点，心中一定，内气沉注散出腰气圈，以腰圈带动两肘使身形右转，左足跟外旋，重心移于左腿左足内踝四点处，右足尖外撇，面向西南隅角外。此为两合两开云手之右云。（图5-207）

图5-207

图5-208

2. 茫点消失，意气返回身前顺旋成球，黏带右手沿意气之球前端旋落于右胯前，手心向下；同时黏带左手沿球后端旋升，变握拳旋向左肩前，拳心向内。鹄星一现即无，周身意气将被吸引斥返，心中一怔，不经意间双目扩视西南隅角外。（图5-208）

3. 意气回返，黏引左拳合回身前；同时黏引右手落回右胯旁。意气集入胸中，沉注于胯圈，受意气斥返而胯圈后端微扬，重心后移于左腿左足内踝四点处。此为两合两开云手面向西南的第一次"一合"，要求合要合到身后。（图5-209）

图5-209

4. 右前方茫点显现，引吸胯圈前端微扬，重心前移于右腿右足内踝二点处，三关竖起，胸中意气涌出，黏带左拳舒展成掌向前掤展，集向茫点。双目扩视前方。此为两合两开云手面向西南的第一次"一开"，要求开要开向茫点。（图5-210）

图5-210

5. 茫点弧形旋绕于右侧上方，双目扩视到茫点，心中一定，内气沉注腰中散出腰气圈，黏带左手内旋于胸前；同时黏带右手外翻于腹前。两手上下相对，手心皆朝内，拇指朝上，以腰圈带动两肘使身形继续右转，面向正西，双目注视前方。此为两合两开云手的继续右云。（图5-211）

图5-211

6. 茫点消失，意气回返集束身前，透向背后圆散，黏带两手合向胸腹之间，上下相对。手心皆朝内，拇指朝上。此为两合两开云手面向正西第一次"二合"，要求合要合到背后。（图5-212）

图5-212

7. 瞬间意气由背后涌向身前，意气向前掤展，左足后撤一步，前脚掌、脚跟依次落实，重心后移于左腿左足内踝四点处，促使两手向前掤展，双目注视前方。此为两合两开云手面向正西第一次"二开"，要求开要开向身前方。（图5-213）

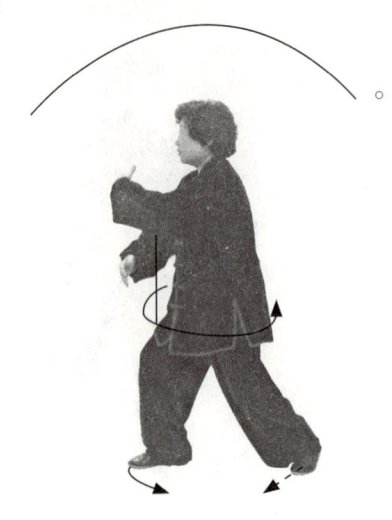

图5-213

8. 茫点弧形旋绕于左侧上方，双目扩视到茫点，心中一定，内气沉注腰中散出腰气圈，以腰圈带动两肘使身形左转，步随身换，右足尖内扣，随之重心移于右腿右足内踝二点处，左足跟内旋，面向东南隅角外。此为两合两开云手之左云。（图5-214）

图5-214

9. 茫点消失，意气回返身前逆旋成球，黏带左手沿意气球前端旋落于左胯前，手心向下；同时黏带右手沿球后端旋升，变握拳旋向右肩前，拳心向内。鹄星一现即无，周身意气将被吸引而斥返，心中一怔，不经意间双目扩视东南隅角外。（图5-215）

图5-215

10. 意气回返黏引右拳合回身前；同时黏引左手仍回落左胯旁，意气集入胸中，沉注于胯圈，受意气斥返胯圈后端微扬，重心后移于右腿右足内踝四点处。此为两合两开云手面向东南隅角外的第二次"一合"，要求合要合到身后。（图5-216）

图5-216

图5-217

11. 左前方茫点显现，引吸胯圈前端微扬，重心前移于左腿左足内踝二点处，三关竖起，胸中意气涌出，黏带右拳舒展成掌向前掤展，集向茫点，双目扩视前方。此为两合两开云手面向东南隅角外的第二次"一开"，要求开要开向茫点。（图5-217）

12. 茫点弧形旋绕于左侧上方，双目扩视到茫点，心中一定，内气沉注腰中散出腰气圈，以腰圈带动两肘，使身形继续左转，黏带右手内旋于胸前；同时黏带左手外翻于腹前，两手在胸腹之间上下相对，手心皆朝内，拇指朝上。面向正东，双目扩视前方。此为两合两开云手之继续左云。（图5-218）

图5-218

115

13. 茫点消失，意气回返集束胸前，透向背后圆散，黏带双手合向胸腹之间，上下相对。此为两合两开云手面向正东第二次"二合"，要求合要合到背后。（图5-219）

图5-219

14. 瞬间意气由背后涌向胸前，引吸右足前移一步，脚前掌、脚跟依次落实，重心后移于右腿右足内踝四点处，意气促使两手向前掤展，双目注视前方。此为两合两开云手面向正东的第二次"二开"，要求开要开向身前方。（图5-220）

图5-220

15. 茫点弧形旋绕于右侧上方，双目扩视到茫点，心中一定，内气沉注腰中散出腰气圈，以腰圈带动两肘使身形右转，步随身换，左足跟外旋，重心前移于左腿左足内踝二点处，右足尖外撇，面向西南。此为两合两开云手之右云。（图5-221）

图5-221

16. 茫点消失，意气回返身前顺旋成球，黏带右手沿圆球前端旋落于右胯前，手心向下；同时黏带左手沿球后端旋升，变握拳旋向左前侧，拳心向内，鹄星一现即无，周身意气将被吸引而斥返，心中一怔，不经意间双目扩视西南隅角外。（图5-222）

图5-222

图5-223

17. 意气回返黏引左拳合回身前；同时黏引右手回落右胯旁，意气集入胸中，沉注于胯圈，受意气斥返胯圈后端微扬，重心后移至左腿左足内踝四点处。此为两合两开云手面向西南隅角外的第三次"一合"，要求合要合到身后。（图5-223）

18. 右前方茫点显现，引吸胯圈前端微扬，重心前移于右腿右足内踝二点处，三关竖起，胸中意气涌出，黏带左拳舒展成掌向前掤展，集向茫点，双目扩视前方。此为两合两开云手，面向西南隅角外的第三次"一开"，要求开要开向茫点。（图5-224）

图5-224

117

19. 茫点弧形旋绕于右侧上方，双目扩视到茫点，心中一定，内气沉注腰中散出腰气圈，以腰圈带动两肘，使身形继续右转，黏带左手内旋于胸前；同时黏带右手外翻，两手在胸腹间上下相对，手心皆朝内，拇指朝上。面向正西，双目注视前方。此为两合两开云手之继续右云。（图5-225）

图5-225

20. 茫点消失，意气回返集束胸前，透向背后圆散，黏带双手合向胸腹之间上下相对，两手心皆朝内，拇指朝上。此为两合两开云手面向正西的第三次"二合"，要求合要合到背后。（图5-226）

图5-226

21. 瞬间意气由背后涌向胸前促使两手掤展，意气催发左足后撤一步，前脚掌、脚跟依次落实，随之重心后移于左腿左足内踝四点处，双目注视前方。此为两合两开云手面向正西的第三次"二开"，要求开要开向身前方。（图5-227）

图5-227

三合三开云手

1. 茫点弧形旋绕于左侧上方，双目扩视到茫点，心中一定，内气沉注腰中散出腰气圈，以腰带动两肘使身形左转，步随身换，右足尖内扣，随之重心移于右腿右足内踝四点处，左足跟内旋，面向东南。此为三合三开云手之左云。（图5-228）

图5-228

图5-229

2. 茫点消失，意气回返身前逆旋成球，黏带左手沿意气之球前端旋落于左胯前，手心向下；同时黏带右手沿球后端旋升，变握拳旋向右肩前，拳心向内。重心前移于左腿左足二点处，鹄星一现即无，周身意气被吸引而斥返。心中一怔，不经意间双目扩视东南隅角外。（图5-229）

3. 意气回返黏引右拳合回身前；同时黏引左手落回左胯旁，意气集入胸中，沉注于胯圈，受意气斥返胯圈后端微扬，重心后移于右腿右足内踝四点处。此为三合三开云手面向东南隅角外的第一次"一合"，要求合要合到身后。（图5-230）

图5-230

4. 左前方茫点显现，引吸胯圈前端微扬，重心前移于左腿左足内踝二点处。三关竖起，胸中意气涌出，黏带右拳成掌，向前掤展，集向茫点，双目扩视前方。此为三合三开云手面向东南隅角外的第一次"一开"，要求开要开向茫点。（图5-231）

图5-231

5. 茫点弧形旋绕于左侧上方，双目扩视到茫点，心中一定，内气沉注腰中散出腰气圈，以腰带动两肘，使身形继续左转，黏带右手内旋于胸前；同时黏带左手外翻于腹前，两手上下相对，手心皆朝内，拇指朝上。面向正东，双目注视前方。此为三合三开云手之继续左云。（图5-232）

图5-232

6. 茫点消失，意气回返集束胸前，透向背后圆散，黏带双手合向胸腹之间上下相对，两手心皆朝内，拇指朝上。此为三合三开云手面向正东的第一次"二合"，要求合要合到背后。（图5-233）

图5-233

第五章 拳术详解

图5-234

7. 瞬间意气由背后涌向胸前，引促右足前移一步，前脚掌、脚跟依次落实，随之重心后移至右腿右足内踝四点处，意气促使两手向前掤展，双目注视前方。此为三合三开云手面向正东的第一次"二开"，要求开要开向身前方。（图5-234）

8. 茫点弧形旋绕于正南上方，双目扩视到茫点，心中一定，内气沉注腰中散出腰气圈，以腰圈带动两肘使身形右转，步随身换，左足跟外旋，随之重心前移于左腿左足内踝二点处，右足尖外撇，面向正南。此为三合三开云手之右云。（图5-235）

图5-235

9. 茫点消失，心中一怔，鹄星显现，意气由腰部升腾胸前涌出，促使右手逆旋外翻，旋向右肩前上方，手心向外；同时促使左手外旋落于左胯旁，手心向上。双目凝视前方。（图5-236）

图5-236

121

10. 瞬间鹄星消失，意气回返黏带右手逆旋，落于胸前；同时黏带左手上旋，意想两臂犹如环抱龙头于胸前，双手合拢恰似张开的龙口上下之唇，龙口一闭，将一颗大珠子吞入背后，内气由背后十字之横向两端分散。此为三合三开云手的第一次"三合"，面向正南，要求合要合到背后。（图5-237、图5-237附图）

图5-237 　　　　　　图5-237附图

11. 内气沿十字之横散开时，十字之竖两端的内气集向十字中心，为"十字横开，竖必合"。劲源拢摧珠子由胸中涌出，意气黏促右手逆旋上扬，手心向外，小指朝上；同时左手外翻，手心侧向外，拇指朝外，恰似龙口一张，将珠子从龙口吐出。此为三合三开云手的第一次"三开"，面向正南，要求开要开向前方。（图5-238、图5-238附图）

图5-238 　　　　　　图5-238附图

12. 意气回返黏带右手外旋，同时黏带左手内翻，双手合向胸腹之间上下相对，手心皆向内，拇指朝上，双目扩视到茫点，心中一定，内气沉注腰部散出腰气圈，以腰圈带动两肘，右足尖外撇，面向西南。双目注视前方。此为三合三开云手右云。（图5-239、图5-240）

图5-239　　　　图5-240

13. 茫点消失，意气回返身前顺旋成球，黏带右手沿意气之球前端旋落于右胯前，手心向下；同时黏带左手沿球后端旋升，变握拳旋向左肩前，拳心向内，重心前移至右腿右足内踝二点处。鹄星出现，周身意气即被吸引，随之鹄星消失，周身松散，心中一怔，不经意间双目扩视西南隅角外。（图5-241）

图5-241

123

14. 意气回返黏引左拳合回身前；同时黏引右手仍落回右胯旁，意气集入胸中，沉注于胯圈，受意气斥返，而胯圈后端微扬，重心后移于左腿左足内踝四点处。此为三合三开云手的第二次"一合"，面向西南隅角外。要求合要合到身后。（图5-242）

图5-242

15. 右前方茫点显现，引吸胯圈前端微扬，重心前移于右腿右足内踝二点处，三关竖起。胸中意气涌出，黏带左拳舒展成掌向前掤展，集向茫点，双目扩视前方。此为三合三开云手的第二次"一开"，面向西南隅角外。要求开要开向茫点。（图5-243）

图5-243

16. 茫点弧形旋绕于右侧上方，双目扩视到茫点，心中一定，内气沉注腰中散出腰气圈，以腰圈带动两肘，使身形继续右转，黏带左手内旋于胸前；同时黏带右手外翻于腹前。两手上下相对，手心皆朝内，拇指朝上。面向正西，双目注视前方。此为三合三开云手继续右云。（图5-244）

图5-244

17. 茫点消失，意气回返集束胸前透向背后圆散，黏带双手合向胸腹之间上下相对，两手心皆朝内，拇指朝上。此为三合三开云手的第二次"二合"，面向正西。要求合要合到背后。（图5-245）

图5-245

18. 瞬间意气由背后涌向胸前，促使两手向前掤展，意气催促左足后撤一步，前脚掌、脚跟依次落实，随之重心后移至左腿左足内踝四点处，双目注视前方。此为三合三开云手的第二次"二开"，面向正西。要求开要开向身前方。（图5-246）

图5-246

19. 茫点弧形旋绕于正南上方，双目扩视到茫点，心中一定，内气沉注腰中散出腰气圈，以腰圈带动两肘使身形左转，步随身换，右足尖内扣，左足跟内旋。面向正南，此为三合三开云手之左云。（图5-247）

图5-247

125

20. 茫点消失，心中一怔，而鹄星显示。意气由腰中升腾，在胸前涌出，促使左手顺旋外翻，旋向左肩前上方，手心向外；同时促使右手外旋，落于右胯旁，手心向上。双目凝视前方。（图5-248）

图5-248

21. 瞬间鹄星消失，意气回返黏带左手顺旋，落于胸前；同时黏带右手上旋于腹前。意想两臂犹如环抱龙头于胸部，双手合拢，恰似张开的龙口之上下唇。龙口一闭，将一颗大珠子吞入背后，内气由背后十字横向两端分散。此为三合三开云手的第二次"三合"，面向正南。要求合要合到背后。（图5-249、图5-249附图）

图5-249 　　　　　　图5-249附图

22. 内气沿十字之横散开时，十字之竖两端的内气集向十字中心，为"十字横开，竖必合"。劲源拢摧珠子由胸中涌出，意气黏促右手逆旋上扬，手心向外，小指朝上；同时右手外翻，手心侧向外，拇指朝外，恰似龙口一张，将珠子从龙口吐出。此为三合三开云手的第二次"三开"，面向正南。要求开要开向前方。（图5-250、图5-250附图）

图5-250 　　　　　　图5-250附图

23. 意气回返黏带左手外旋，同时黏带右手内翻，双手合向胸腹之间上下相对，手心皆向内，拇指朝上。茫点弧形旋绕于左侧上方，双目扩视到茫点。心中一定，内气沉注腰中散出腰气圈，以腰圈带动两肘使身形继续左转，步随身换，重心移于右腿右足四点内踝处，左足跟内旋，面向东南。双目注视前方，此为三合三开云手之左云。（图5-251、图5-252）

图5-251 　　　　　　图5-252

24. 茫点消失，意气回返身前逆旋成球，黏带左手沿圆球前端旋落于左胯前，手心向下；同时黏带右手沿圆球后端旋升，变握拳旋向右肩前，拳心向内，重心前移至左腿左足内踝二点处。鹄星一现即无，周身意气将被吸引即刻斥返，心中一怔，不经意间双目扩视东南隅角外。（图5-253）

图5-253

25. 意气回返黏引右拳合回身前；同时黏引左手落回左胯旁，意气集入胸中，沉注于胯圈，受意气斥返，胯圈后端微扬，重心后移于右腿右足内踝四点处。此为三合三开云手的第三次"一合"，面向东南。要求合要合到身后。（图5-254）

图5-254

26. 右前方茫点显现，引吸胯圈前端微扬，重心前移至左腿左足内踝二点处，三关竖起。胸中意气涌出，黏带右拳舒展成掌向前掤展，集向茫点，双目扩视前方。此为三合三开云手的第三次"一开"，面向东南。要求开要开向茫点。（图5-255）

图5-255

27. 茫点弧形旋绕于左侧上方，双目扩视到茫点。心中一定，内气沉注腰中散出腰气圈。以腰带动两肘，使身形继续左转，黏带右手内旋于胸前；同肘黏带左手外翻于腹前。两手上下相对，手心皆朝内，拇指朝上。面向正东，双目注视前方。此为三合三开云手继续左云。（图5-256）

图5-256

28. 茫点消失，意气回返集束胸前透向背后圆散，黏带双手合向胸腹之间。此为三合三开云手的第三次"二合"，面向正东。要求合要合到背后。（图5-257）

图5-257

29. 瞬间意气由背后涌向胸前，右足前移一步，前脚掌、脚跟依次落实，随之重心后移于右腿右足内踝四点处，意气促使两手向前掤展，双目注视前方。此为三合三开云手第三次"二开"，面向正东。要求开要开向身前方。（图5-258）

图5-258

30. 茫点弧形旋绕于正南上方，双目扩视到茫点，心中一定，内气沉注腰中散出腰气圈，以腰圈带动两肘使身形右转，步随身换，左足跟外旋，随之重心前移于左腿左足内踝二点处，右足尖外撇。面向正南，此为三合三开云手之右云。（图5-259）

图5-259

31. 茫点消失，心中一怔，鹄星显现，意气由腰中升腾在胸部涌出，促使右手逆旋外翻，旋向胸部前上方，手心向外；同时促使左手外旋落于左胯旁，手心向上。双目凝视前方。（图5-260）

图5-260

32. 瞬间鹄星消失，意气回返黏带右手逆旋，旋落于胸前；同时黏带左手上旋，意想两臂犹如环抱龙头于胸前，双手合拢恰似张开的龙口上下唇，龙口一闭，将一颗大珠子吞入背后，内气由背后十字横向两端分散。此为三合三开云手的第三次"三合"，面向正南。要求合要合到背后。（图5-261、图5-261附图）

图5-261

图5-261附图

33. 内气沿十字之横散开时，十字之竖两端的内气集向十字中心，为"十字横开，竖必合"。劲源拢摧珠子由胸中涌出，意气黏促右手逆旋上扬，手心向外，小指朝上；同时左手外翻，手心侧向外，拇指朝外，恰似龙口一张，将珠子从龙口吐出。此为三合三开云手的第三次"三开"，面向正南。要求开要开向前方。（图5-262、图5-262附图）

图5-262

图5-262附图

34. 意气回返黏带右手外旋；同时黏带左手内翻，双手合向胸腹之间，上下相对，两手心皆向内，拇指朝上，双手拢抱内气于胸前。（图5-263）

图5-263

理法诠释：

关于杨家秘传"云手"一式中的内功理法，若不是汪师讲出有三种练法，唯恐真貌已经失传。汪师讲述："不论几合几开的云手，都必须是先合而后开。"多年后我才理解其要点，没有引之合，就不可能开出。是出于王宗岳拳谱中"引进落空合即出"的论据。

在云手三合三开一式中，汪师亲传杨家有"龙口吞吐珠子"的练法，直接指出云手是双手犹如在云层中挥来挥去，汪师讲述"人身有天地阴阳"，依靠意气引领双手，揽拢天地阴阳二气于人身，云手一式是人身一小天地的养生练法。肩圈为人之天，胯圈为人之地，腰圈为人之主宰。

鹄星

它自远方直线而来，当人的双目能看到它的显现，就能产生一种纲的引吸感，鹄星是目标，又是纲，它能飞速远离而去，超越人的视线。双目看不到它，人体就产生一种松弛感。所以鹄星是纲与目的相互变换。看到鹄星则目张，看不到则目弛。

茫点

它在凌空旋绕运行，如渺渺茫茫的一个集中点于瞬间显现、瞬间消失，它能向任何方向旋绕运行，茫点的运行轨迹，即是意气流走的途径。其"显"与"消"即是意气之"开"与"合"。

在云手一式的演练中，逢合步身向右云。要以腰带肘，步随身换，先左足跟外旋，再右足尖外撇。

逢开步身向左云，仍要以腰带肘，步随身换，先右足尖内扣，再左足跟内旋。

第十三式　高探马

1. 意气由胸部右侧升腾旋起，黏引双手，右手在上，左手在下，犹如沿天空中下弦月亮的两端旋绕一周，双手相互叠垒于胸前，左手在外，右手在内，两手心均向内。双目注视前方。（图5-264～图5-266）

图5-264

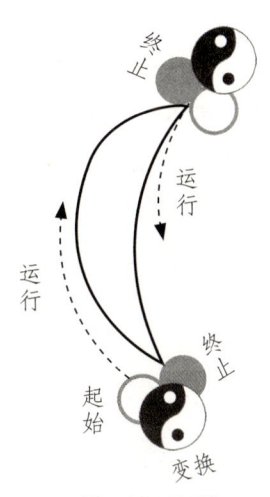

图5-264附图

图5-265

图5-266

内功诠释：

汪老师在教练拳架时，讲述杨家的"月牙劲"练法，是指空中下弦弯弯月亮两头尖，称之为阴阳两极，无论哪一个极点为起点，则另一个极点就是终点。汪师又讲："在一个极点中一面是终点，而另一面即是起点。"故称一个极点中隐含着终点和起点，称为极点，为变换之处。

弯月的外弧即是培养揉手"杏核劲"内功的运行路线，而弯月的内弧即是"枣核"内劲路线。弯月的两个尖，一个是发点，而另一个即是落点。发点与落点要直线相对，无丝毫阻碍称之为"通"。掌握乱环法术在于通，一方面直通；而另一方面沿弧线运走，能同时到达极点，自然奥妙出现。

2. 胸部一吞，内气由背部迂回于两臂，引领两臂向左右分张掤展，两手心侧向外，重心在左腿左足内踝二点处。双目扩视前方。（图5-267）

图5-267

第五章　拳术详解

3. 意气引领左手向左旋绕掤展，黏带右手随之左旋，步随身换，右足尖内扣，随之重心后移于右腿右足内踝四点处，左足向左横移步落实，意气沿身外旋出平圈，领带身形左转，面向正东方，双手向平气圈前端合拢。双目凝视前方。（图5-268）

图5-268

4. 意气平圈旋向前端相接触而生发相斥，意气弧形下旋于身后，黏引右手沉向裆前，变握拳，拳心向内，意气沿身外旋出立圈。（图5-269）

图5-269

5. 意气由背后上旋身前上方，黏引左手落于左胯旁，手心向下，重心前移于左腿左足内踝二点处；黏引右拳外翻上旋于立气圈上端。双目扩视前方。（图5-270）

图5-270

135

6. 意气立圈旋向头前，当两端相接时发生相斥，意想偏左侧弧形下旋，经左胯旁旋向身后，黏引左手外翻，手心向上；同时黏带右拳斜落于左手手心上，拳心朝上。意气沿身后斜上经头右侧旋出斜圈。（图5-271）

图5-271

7. 意气斜圈旋向头前，当两端相接时，前方鹄星显现，意气被鹄星吸引，右拳内翻舒展成掌，由斜圈口伸展而出，向鹄星集去。双目凝视前方。（图5-272）

图5-272

8. 瞬间鹄星消失，意气斥返，促使身形后撤于右腿右足内踝四点处，黏带右手向身前回捋。（图5-273）

图5-273

136

9. 茫点显现，周身意气集向茫点，引吸身形前移于左腿左足内踝二点处，黏带双手向前掤展，犹如被逆转的茫点吸引于茫点的右侧后。双目凝视前方。（图5-274）

图5-274

内功诠释：

在高级功法中，高探马所演示的平圈、立圈、斜圈都是意念之圈，是有意而为的。无论什么样的意想圈形成，无意的意气已经沿意想之圈末端鱼贯而出。

这就是汪师所讲杨家的"招中有术"，在高境界，意想的平圈、立圈、斜圈都是各样招法。而毫无察觉的意气已经沿意想圈的末端鱼贯而出，通出的即是术。是有意之招与无意之术的相互结合，这种自然结合才能产生奥妙。

要想将毫无察觉之意气生成奥妙，就必须以有意的遐想之法（即招）导致无意之术，自然结合而生发奥妙，谓之"术从招出"。

理法诠释：

无论平圈、立圈或斜圈，都要围绕人体周围旋转。三种圈的起点与终点都在人体身前，而圈的威力生成是在人体背部运蓄而成，在身前圆圈的始端为引吸，而圆圈的末端为摧发。平圈、立圈、斜圈的中心位于人体十字中心点，在揉手时平圈的应用必须以立圈去催促，称"平圈立发"，相反立圈则需以平圈催促，称"立圈平发"。平催立、立催平都是间接催发法，而斜圈则是再度间接的催发，在揉手中三种圈的中心不能移动，但圆圈可以偏离中心，俗称"甩发法"。

第五章 拳术详解

第十四式 右左分脚

右分脚

1. 茫点消失，意气回返身前，重心后移于右腿右足内踝四点处。意气在身前逆旋成球，黏引右手下旋于左胸前；同时黏引左手上旋于两肩前。面向正东，双目注视前方。（图5-275）

图5-275

图5-276

2. 意气之球继续逆旋，黏引左手上旋于左肩前方；同时黏引右手下旋于右胸前，意气之球向身右下方沉落圆散，使身形右旋。双目注视前方，面向正东。（图5-276）

139

3. 刹那间意气沉落遇地气而折返，顺旋而上由身右侧旋向胸前，促使右臂上旋于左臂上方；同时左手回旋于右肘下，重心前移于左腿左足内踝二点处。面向东北。（图5-277）

图5-277

4. 意气黏引双手继续顺旋，左手由右肘下旋于右胸前，手心朝内；同时右手外翻由头前方旋于头部右侧，手心朝外。面向正东。（图5-278）

图5-278

5. 意气在胸前顺旋成球，使身形后倚，左手向前掤展，意气之球顺旋而下，黏带右臂沿弧形轨迹旋落裆前，右手内翻，手心朝内。（图5-279）

图5-279

第五章 拳术详解

6. 雨后天空突悬彩虹，吸引周身意气腾升，从两脚沿身形左侧外顺旋而上，黏引右臂顺彩虹旋出大气圈，右手旋向头前左侧。面向东南，双目注视前方。（图5-280）

图5-280

7. 彩虹吸引三关领起，周身顺彩虹身形右旋，右足前移，足跟踏实，足尖微微抬起，引吸右手由头左侧经头上旋于头前右侧。双目扩视正南。（图5-281）

图5-281

8. 右前方河中彩虹倒影映入眼底，引吸右臂旋落于右胯前，手心朝左侧；左方崇山夕阳映入眼底，吸引左臂上旋，左手外翻，手心侧朝外；右脚落地。面向正东，双目扩视。（图5-282）

图5-282

141

9. 意想身外美景，使人心旷神怡，两手拢揽天地阴阳之奥妙。心中一定，意气集向身前，黏带双手合拢内气于腹部，双手外翻，捧内气升腾于胸前。面向正东。（图5-283、图5-284）

图5-283

图5-284

10. 胸前内气圆散向两臂迂回，促使两臂向左右两侧掤展，双手手心向上，两掌心握小气球，随重心前移至右腿右足内踝二点处，意想双臂犹如穿向藤茎圈中，两臂有沉坠感。面向东北，双目凝视前方。（图5-285）

图5-285

11. 意气集返胸前透向背部，身形后倚，重心移于左腿左足内踝四点处，黏带两手回拢，两肘向左右张展，两手手心握小气球内翻，旋成立掌，手心向外，手指朝上，三关竖起，内气沿背部十字四端散出，意想身如倚靠天秤而立身平准，右膝提起。面向东北。（图5-286、图5-287）

图5-286 　　　　　　　　图5-287

12. 心中一静，内气沿十字之竖下沉使胯圈圆散而出，胯圈前端吸引右足向右前侧分出；同时内气沿十字之横通出，沿两臂通向双手，将手中小气球催向前方，意气集向身前。面向东北，双目凝视前方。（图5-288）

图5-288

左分脚

1. 瞬间意气在身前顺旋成球，旋促右足屈膝下落，以脚前掌踏地；同时旋带右手下旋于左胸前，左手旋向右胸前，旋促身形微右转。面向正东，双目注视前方。（图5-289）

图5-289

2. 意气之球继续顺旋，黏引右手由左臂下上旋于右肩前方；同时黏引左手由右臂上下旋于左胸前，意气之球向身体左下方沉落圆散，使身形左旋。面向正东，双目注视前方。（图5-290）

图5-290

3. 刹那间意气沉落遇地气而斥返，顺旋而上由身体左侧旋向胸前，促使左臂上旋于右臂上方；同时右手回旋于左肘下；重心前移于右腿右足内踝二点处。面向东南。（图5-291）

图5-291

第五章 拳术详解

4. 意气黏引双手继续逆旋，右手由左肘下旋于左胸前，手心朝内；同时左手外翻由头前方旋于头部左侧，手心朝外。面向东南。（图5-292）

图5-292

5. 意气在胸前逆旋成球，使身形后倚，右手向前掤展，意气圆球顺旋而下，黏带左臂沿弧形轨迹旋落裆前，左手内翻，手心朝内。（图5-293）

图5-293

6. 雨后天空突悬彩虹，吸引周身意气腾升，从两脚沿身形右侧外逆旋而上，黏引左臂顺彩虹旋出大气圈，左手旋向头前左侧。面向东南，双目注视前方。（图5-294）

图5-294

145

7. 彩虹吸引三关领起，周身顺彩虹身形左旋，左足前移，足跟踏实，足尖微微抬起，引吸左手弧形下旋于身形左侧。双目扩视正东。（图5-295）

图5-295

8. 左前方河中彩虹倒影映入眼底，引吸左手内旋落于左胯前，手心朝右；右方崇山夕阳映入眼底，引吸右臂上旋，右手内翻，手心侧朝外；左脚落地。面向正东，双目扩视。（图5-296）

图5-296

9. 意想身外美景，使人心旷神怡，两手拢揽天地阴阳之奥妙。心中一定，意气集向身前，黏带双手合拢内气于腹部，双手外翻捧内气升腾于胸前。面向东南。（图5-297、图5-298）

图5-297 　　　　　　　　图5-298

10. 胸前内气圆散向两臂迂回，促使两臂向左右两侧掤展，双手手心向上，两掌心握小气球，随重心前移至左腿左足内踝二点处，意想双臂犹如穿向藤茎圈中，两臂有沉坠感。面向东南，双目凝视前方。（图5-299）

图5-299

11. 意气集返胸前透向背部，身形后倚，重心移于右腿右足内踝四点处，黏带两手回拢，两肘分别向左右张展，两手手心握小气球内翻，旋成立掌，手心向外，手指朝上，三关竖起，内气沿背部十字四端散出，意想身如倚靠天秤而立身平准，左膝提起。面向东南。（图5-300）

图5-300

12. 心中一静，内气沿十字之竖下沉使胯圈圆散而出，胯圈前端吸引左足向左前侧分出；同时内气沿十字之横通出，沿两臂通向双手，将手中小气球催向前方，意气集向身前。面向东南，双目凝视前方。（图5-301）

图5-301

第五章 拳术详解

内功诠释：

杨家在太极拳术中非常重视阴阳，故在太极拳中将人肩、腰、胯视为三道气圈，以这三道气圈来演示太极拳术之内功。

肩圈上为阳，胯圈下为阴。在"分脚"一式中演示受阳面吸引，意想两臂双手在肩圈上旋起旋落；同时又受阴面吸引，意想两臂双手在胯圈下旋转迂回，受阴阳吸引，黏带两臂双手拢揽阴阳二气于腰圈以求养生，在太极拳术中称"人身"为一小天地。

两臂双手沿太极图阴阳起伏之线旋绕，描绘出天地间自然现象，借助雨后天空出现彩虹，水中映出彩虹倒影，夕阳坠入山后，相互之间契合，识得太极阴阳之间的奥妙。

第十五式　左右伏鹊式

左伏鹊式

1. 胸中一沉着，意气圆散沉落身前，黏带左足屈膝下落于右足前；同时黏带双手外翻，由身体两侧弧形旋落于腹前，两手手心朝上。面向正东，双目注视前方。（图5-302）

图5-302

2. 意气在腹前顺旋成球，黏引左手沿逆时针轨迹上旋于左胸前；同时黏引右手内翻沿逆时针轨迹旋于右胯前，手心朝内。（图5-303）

图5-303

3. 意气圆球黏带双手沿顺时针轨迹继续旋绕，黏带右手由圆球后端上旋，由左腕上旋于右身前；同时左手由圆球前端下旋于腹部。面向东南，双目注视旋转意气之球。（图5-304）

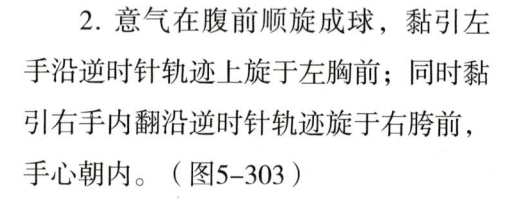

图5-304

第五章 拳术详解

4. 意想有一只鹡鸰走近身旁，双目凝视鹡鸰，身不由己屈膝下蹲，右手微外翻弧形下旋环揽鹡鸰尾部；同时左手上旋揽抱鹡鸰胸脯。三关竖起，重心前移于左腿左足内踝二点处，双手将鹡鸰环抱于两臂中。面向正东，双目注视前方。（图5-305）

图5-305

5. 鹡鸰挣扎欲逃，胸部立即十字一吞，内气沉落，腰胯圆散，黏带两臂下垂，屈膝弯腰，双手张展，以肘带腰身形右旋，重心移于右腿右足，将鹡鸰放于右膝前。面向正东，双目凝视鹡鸰。（图5-306）

图5-306

6. 鹡鸰围绕两膝向左膝外逃窜，两肘带动腰圈身形左旋，以连随内劲双手合拢黏贴在鹡鸰两翅。重心移于左腿左足，使鹡鸰不能飞起。面向东北，双目扩视鹡鸰。（图5-307）

图5-307

151

7. 以稍纵即擒之内劲，将鹁鸪横向开出，竖向拢回，两肘带动腰圈身形右旋，重心移于右腿右足，两手抱起鹁鸪，使鹁鸪失去两足蹬跳之劲，而双翅又不能张展飞走，以此演练粘连黏随之内劲，体验刚柔相济、张弛相间内劲在微妙变化中出现的奥妙。由面向东北转成面朝南。（图5-308、图5-309）

图5-308　　　　图5-309

8. 两手拢抱鹁鸪于两臂中，随身形左旋劲源上提，将鹁鸪抱在身前，内气向两臂迂回圆散，双手张弛使鹁鸪腾飞而起，双手内翻握拳。内气由右足跟升起，集向身后胯圈边，重心移于左腿左足二点处，竖起三关，内气由背后沿斜圈顺时针轨迹旋向左肩前方，集散于右前方上空，黏带左拳旋于左肩上方，右拳旋于左胸前，双拳拳眼朝心口，从双拳拳背中指根通出掤内劲，集向鹁鸪。面由东转向东南，双目凝视鹁鸪。（图5-310、图5-311）

图5-310　　　　图5-311

右伏鹈式

1. 鹈鹕飞走，心中一怔，意气圆散逆旋回返于身前，沿逆时针轨迹旋转成球，黏带左拳下旋于胸前，舒展成掌，手心朝下；同时黏带右拳上旋于胸前，舒展成掌，手心朝下。面向东方，双目注视前方。（图5-312）

图5-312

2. 意气圆球继续沿逆时针轨迹旋转，黏带右手由圆球前端弧形下旋于左肋前；同时黏带左手由圆球后端弧形上旋于左胸前方。双目扩视身前。（图5-313）

图5-313

3. 意想有一只鹈鹕走近身旁，双目凝视鹈鹕，身不由己屈膝下蹲，左手外翻弧形下旋环揽鹈鹕尾部；同时右手上旋揽抱鹈鹕胸脯。三关竖起，右足向右前方上步，重心前移于右腿右足内踝二点处，双手将鹈鹕环抱于两臂中。面向东南，双目注视前方。（图5-314）

图5-314

153

4. 鹁鸠挣扎欲逃，胸部立即十字一吞，内气沉落，腰胯圆散，黏带两臂下垂，屈膝弯腰，双手张展，以肘带腰身形左旋，重心移于左腿左足，将鹁鸠放于左膝前。面向东南，双目凝视鹁鸠。（图5-315）

图5-315

5. 鹁鸠围绕两膝向右膝外逃窜，两肘带动腰圈身形右旋，双手合拢以连随内劲黏贴在鹁鸠两翅。重心移于右腿右足，使鹁鸠不能飞起，以稍纵即擒之内劲，将鹁鸠横向开出竖向拢回（横竖找法之内劲），两肘带动腰圈身形左旋，将鹁鸠拢回左膝前。由面向东南转成面向东，双目注视鹁鸠。（图5-316、图5-317）

图5-316 　　　　　　图5-317

6. 重心移于左腿左足，劲源上提，将鹁鸠抱在胸前，使鹁鸠失去两足蹬跳之劲，而双翅又不能张展飞走，以此演练粘连黏随之内劲，体验刚柔相济、张弛相间内劲在微妙变化中出现的奥妙。面向东北。（图5-318）

图5-318

7. 内气由劲源向两臂迂回圆散，双手张弛使鹁鸠腾飞而起，双手内翻握拳。内气由左足跟升起，集向身后胯圈边，重心移于右腿右足二点处，竖起三关，内气由背后沿斜圈逆时针轨迹旋向右肩前方，集散于左前方上空，黏带右拳旋于右肩上方，左拳旋于右胸前，双拳拳眼朝心口，从双拳拳背中指根通出掤内劲，集向鹁鸠。面由东南转向东北，双目凝视鹁鸠。（图5-319、图5-320）

图5-319 　　　　图5-320

理法诠释：

余跟从汪师学拳艺时，发现汪师所传授的杨家太极拳术与世间流传的杨式太极拳有很多不同之处，是截然不同的两种拳术。

譬如"打虎"一式，汪师传授是以两手松垂于双膝前左右旋绕，最后也不打虎，而是一种掤起内劲，很不理解其练法要点。当时因惧怕汪师教学之严，不敢问练法中的含意，多年来对"打虎式"心存疑义。

记得汪师讲揉手时，曾讲过20世纪50年代发生的一段不愉快的真实故事：在北京市东单体育场举行名家太极拳比赛大会，最后是揉手比赛，汪师应邀参加。汪师和弟子们在场外畅谈，他非常高兴地对弟子们讲："轮到咱们比赛时，你们注意看我把对方掤上主席台，让他们开开眼界。"但讲这些话时是在主席台的后面，被台上那些主持者听见，于是他们将汪永泉的比赛资格取消了。直到大会结束，也没让汪师上场，汪师大为不满，这是汪师第二次认为比赛会不公平。当时汪师在大会上要发挥的就是"打虎式"中的掤劲，余每当练到"打虎式"时总觉得名不符实。

汪师讲学非常重视杨家所传"鹄星"，指明"鹄星"是拳术中关键内功。一度从"鹄"字开始查阅字库，发现"鹄"字是目标，另一个同音"鹘"则是一种古代大鸟，而全称为"鹘鸼"。联想起汪师讲的掤劲，应是指这个"鹘"，拼在一起是以大鸟的腾飞为内功培练之法。先师曾谈过探究该式不要在"打"字上下功夫。杨家传授拳术中的几种锤法中没有一个是以"打"来演练的，杨家秘传没有直朴之锤、劈身锤，如果是打虎式就应该拳注下打，而杨家秘传打虎式却是双拳注上掤起。所以"打虎式"，应为"伏鹘式"。鹘鸼的腾飞要以著足之蹬，名符其实的"伏鹘式"的练法，也是从足下旋绕身外，像旋风一样旋转腾起的一种劲。

第十六式 右蹬脚

1. 鹘鹞飞走，心中一怔，意气圆散回返身前，促使重心后移于左腿左足内踝四点处，黏带右拳沿逆时针轨迹弧形下旋；同时黏带左拳沿顺时针轨迹弧形上旋，随身形右转面向东南隅角，双拳外翻叠垒于胸前，左拳在外，右拳在内。双目注视前方。（图5-321）

图5-321

2. 胸中一吞，意气沉落于腰间，三关竖起，黏带双拳弧形旋绕于身旁两侧，双拳舒展成掌，手心向上。面向东南隅角，双目凝视前方。（图5-322）

图5-322

3. 意气在腰间贴背而上，向两臂迂回圆散，黏带两手弧形上旋于两肩前，向左右两侧掤展，双手手心向上，两掌心握小气球，意想双臂犹如穿向藤茎圈中，两臂有沉坠感。双目扩视前方。（图5-323）

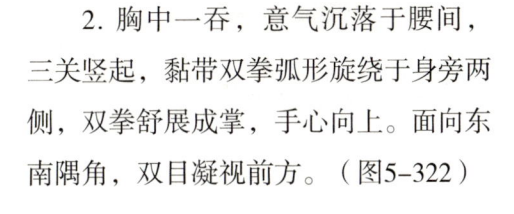

图5-323

4. 意气集向胸前透向背部，身形后倚，黏带两手回拢，两肘向左右张展，两手手心握小气球内翻旋成立掌，手心向外，手指朝上，三关竖起，意气沿背部十字四端散出，意想身如倚靠天秤而立身平准，右膝提起。面向东南隅角。（图5-324、图5-325）

图5-324 　　　　　　图5-325

5. 心中一静，内气沿十字之竖下沉，使胯圈圆散而出，胯圈前端吸引右足，以足跟于不经意间向前蹬出；同时内气沿十字之横通出，沿两臂通向双手，将手中小气球催向前方，意气集向身前。面向东南隅角，双目凝视前方。（图5-326）

图5-326

注：右蹬脚是双拳叠垒，由胸部沉向腹部两个下肚角，分向左右两胯。而左右分脚，则是双手向腹部左右两下肚角，双手合拢上掤胸部，分向胸前两侧。

这是汪师讲拳时强调的这两个式子的内功劲法运走的区别，无论分脚还是蹬脚，都要依靠胯圈来引吸，不能提脚过高。

第十七式　双峰贯耳

1. 胯圈圆散，内气集向胯前，右腿不经意屈膝，右小腿松垂，足尖朝地；同时黏带双手外翻握拳，由身前两侧弧形下旋，拳心向上沉向右膝，使右膝突然猛提，双拳沉落于右膝两侧，相互间生发阴阳吸斥内劲。（图5-327）

图5-327

2. 心中一静，周身意气分散，右足下落至右前方，足掌踏地；同时双拳内翻旋向身前两侧，拳心朝下。面向东南，双目扩视前方。（图5-328）

图5-328

3. 随重心前移至右腿右足内踝二点处，内气集向胸前，双拳由身旁两侧弧形旋向两肩前上方，双拳拳眼侧向下，内气透向背部迂回于两臂，由双拳拳背似涌泉涌出，意想将两座丘陵合并一起，随身形后倚黏带双拳回搂。双目注视前方。（图5-329）

图5-329

第十八式　搂膝栽捶

1. 意气集向胸前，顺旋成球，随重心后移至左腿左足内踝四点，黏带双拳沿圆球左右端顺时针轨迹旋绕，右手由下而上弧形旋绕于胸前，左手由上而下弧形旋绕贴向右前臂。面向东南，双目注视前方。（图5-330、图5-331）

图5-330

图5-331

图5-332

2. 随重心前移，三关领起，重心移于右腿右足内踝二点处，左足前移于右足旁，双手舒展成掌，手心向下，左手以手指肚贴扶在右前臂内侧三寸处，双手向前伸展，而右手如扶在一扇大玻璃面上。双目凝视前方。（图5-332）

3. 意想两臂间有一条垂直虚线，意气黏引双手从垂直虚线外侧下旋于胸前，而一条下意识线已由垂直虚线内升腾而起，引领右手，掌心向下，沿垂直虚线外侧旋绕进极点内侧变握拳，而下意识线已经旋出垂直虚线外。双目注视前方（图5-333、图5-334）

图5-333 　　　　　　　　　图5-334

4. 右拳外翻，左手指贴扶在右前臂内侧三寸处，拳心向上，鹄星显现，引吸右拳弧形上旋于肩圈前，以拳背中指根问星，周身气势犹如纲举目张。双目注视前方。（图5-335）

图5-335

第五章 拳术详解

5. 瞬间鹄星消失，犹如"纲断目弛"，周身气势回落。右拳与心中十字之间出现自然的相互吸引，被引吸于胸前。（图5-336）

图5-336

6. 当右拳与心中十字之间相近时，就会在不觉中自然又产生相斥分离，将右拳斥向肩圈前。这就是太极拳术高境界功夫中的"阴阳吸斥"，正如分子运动到一定的距离会相吸，近到一定的距离又相斥的道理一样。（图5-337）

图5-337

7. 意领内气由右脚涌泉而出，经右足外侧沿身体右侧升腾于右肩前圆散，黏带右手旋一圆圈（约15厘米），右手内旋，意领右手犹如从太极拳图阳面里黑圆点穿出于右肩前，手心向外；同时左手下旋，从太极图阴面中白圆点穿出于左胯前，手心向下。面向东南，双目凝视前方。（图5-338～图5-340）

图5-338

图5-339　　　　　　　　　图5-340

8. 弥散内气集向右手，黏带右手外旋于右胸前，手心向上，内气沿右臂内侧聚集胸部而下沉，引带身形下落，内气从左臂内侧由左手通出，左手外旋，拇指朝上。双目注视前下方。（图5-341）

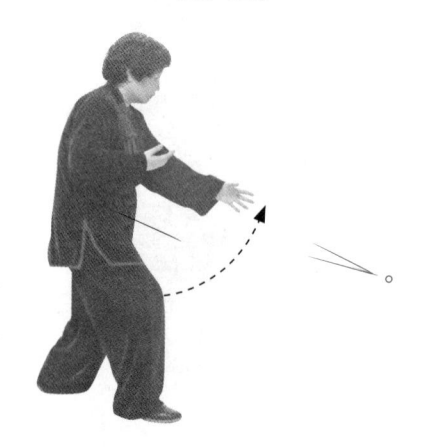

图5-341

9. 通出内气与外气融合旋转成球，沿逆时针轨迹旋转，迅速增大于身前，从左臂旋向左胸前，促使三关竖起，黏引左膝不经意上提，足尖松垂。双目扩视前方。（图5-342）

图5-342

第五章　拳术详解

10. 意气之球逐渐扩散，引领左手内旋，从左膝前旋绕于左膝外侧，左膝落下，阴气从地面升腾，左足犹如踏在气团上轻轻落下。在太极拳谱中有"迈步如猫行"的讲法，此意在此即有体现。（图5-343、图5-344）

图5-343 　　　　　　　　图5-344

11. 左足踏实，重心前移于左腿左足内踝二点处，内气由左侧旋入胯圈，黏带左手回捋于左胯旁，内气已旋向背后右侧，黏促右手内旋，意想有一口古钟下罩己身，左手受古钟内壁黏引，右拳沉按，身形随古钟下扣屈膝蹲身，将自己罩在钟内，身朝正东。（图5-345、图5-346）

图5-345 　　　　　　　　图5-346

165

四 路

第十九式　翻身撇捶

第二十式　左右野马分鬃

第二十一式　小七星捶

第二十二式　转身左蹬脚

第二十三式　左右玉女穿梭

第二十四式　单鞭下式

第二十五式　海底针

第二十六式　扇通背

四　路

第十九式　翻身撇捶

1. 意想古钟犹如被钩子吊起，黏带身形随之而起，重心后移于右腿右足内踝四点，以肘带腰身形右旋，黏引右手随古钟上提于胸部，左手向前掤展，面向东南。（图5-347）

图5-347

2. 古钟逆旋而起，使身形沿逆螺旋右转，左足尖内扣，重心后移至左腿左足，吸引右臂逆旋于右肩前，拳眼向内。双目凝视古钟，身朝正南。（图5-348）

图5-348

3. 受古钟逆旋影响，身形继续右转，吸引两臂沿逆螺旋轨迹旋抛向古钟，吸引右足提起旋落于左足前，重心移于右腿右足，左足尖内扣，刹那间古钟消失，心中一怔，意气回返身前，右拳沉降于右肩前，拳心向内，左手沉降于右前臂上，手心朝下。面朝正西。（图5-349）

图5-349

4. 意气顺旋回返于腰前圆散，促使重心后移至左腿左足内踝四点，黏带两臂沉降于腰前，瞬间意气逆旋升腾，黏带右拳内翻逆旋于右肩前上方，拳眼侧朝下，左手贴于右前臂，重心前移至两足间三点后。双目凝视前方，面朝正西。（图5-350、图5-351）

图5-350 　　　　图5-351

注： 栽捶与撇捶衔接处有古钟出现。在栽锤中钟罩己身，是随钟下罩而屈膝蹲身，不要以形体气力演练，目的是突出"随"字。捶的下栽是依靠意想古钟重量，促使捶下栽，不能以臂力去扣古钟。

当古钟沉落与地面接近时，必然产生阴阳二气的排斥，使古钟升腾而起，身臂的意要与意想古钟为一体，钟的抛出引领臂之抛出，是二者间的意气之吸引，这样才能得到拳术中的气魄意中的柔。长期积柔是太极拳培养的一种无形内力。

第二十式　左右野马分鬃

左野马分鬃

1. 心中一静，意气圆散，逆旋回返身右侧，促使重心后移于左足内踝四点，右足外撇，以肘带腰身形右转（由面向西转成面向西北），黏带右拳变半握拳，沿逆螺旋轨迹弧形旋向胸前十字上端；同时黏带左手外翻半握拳，沿逆螺旋轨迹弧形旋向胸前十字下端，两拳上下相对，步随身换，左足前移于右足旁，以前脚掌着地，两腿有微屈下蹲之意（为直中寓曲）。意气在胸前逆旋成球，由胸腹间向左右逆旋而出。意想肩圈左侧有一只模拟的右手吸引右拳舒展成掌，手心向下，不经意间张展；同时意想胯圈右侧有一只模拟的左手吸引左拳舒展成掌，手心向上，不经意间张展。面向正北，双目扩视身前方（此为一顺）。（图5-352、图5-353）

图5-352　　　　　　　　　　图5-353

2. 胸部一吞，内气下沉胯间，意想的左腿移于右腿前，使周身意气与前方的大气融合在一起，无丝毫感触身形有凸凹之处，不经意间身形黏贴在一面大玻璃面上，这是非身形所能及的意气之平（此为一亲）。（图5-354）

图5-354

3. 心中一静，意气圆散集向身前，意想左臂如捧着一条牙笏，意想引领牙笏上端向左后方逆时针旋走，身形随之左转，左脚随身形左转向左前方迈出，重心前移至左腿左足内踝二点处。右足尖内扣，右手沉按在胯圈上。由面朝北转向面朝西，刹那间内气由左身旁逆螺旋升腾于背后上方，黏引牙笏上端一提，右臂不经意间一捧提。面向正西，双目凝视前方。（图5-355、图5-356）

图5-355　　图5-356

171

4. 前方鹄星显现，周身意气集向鹄星，吸引右拳外翻，以拳背中指根问星，刹那间鹄星消失，意气圆散回返身前透向背后，促使身形后撤，重心后移于右腿右足内踝四点处，引带右拳回落于腹前；同时左手沉落于左胯旁，意想胯间钟锤向前下方荡出。（图5-357、图5-358）

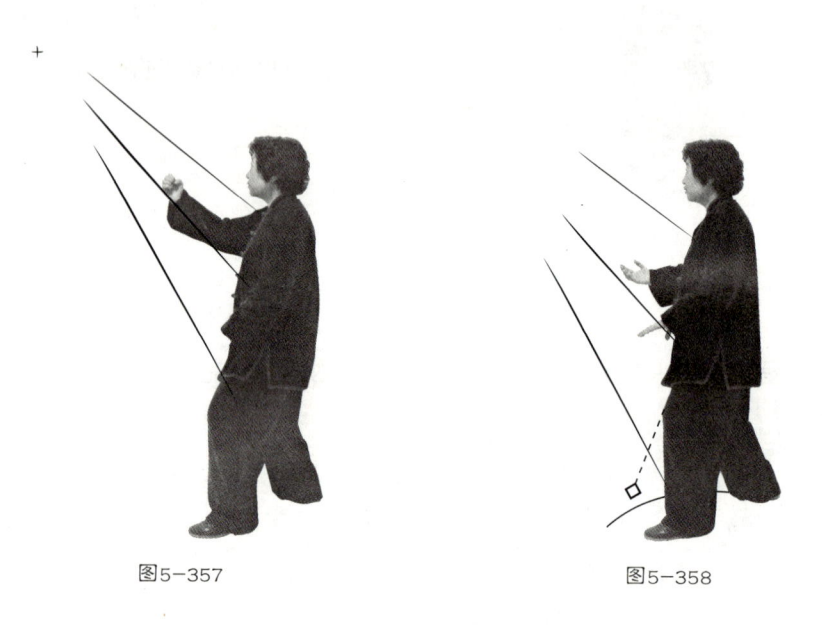

图5-357　　　　　　　　　　图5-358

5. 意气经胸中集散而出，意想胯间钟锤向身后下方荡回，重心前移于左腿左足内踝二点处，黏带胸部十字移于胸前，促使右拳舒展成掌，沉落于右胯旁，双手手心朝上。随即双手内翻，意气沿十字左右边缘上旋于十字上下两隅角透出（此为避实就虚，以虚带实）。引领双手掌犹如扶向垂直平面玻璃上，使十字留在两臂空间中。双目注视前方，面向正西。（图5-359、图5-360）

第五章　拳术详解

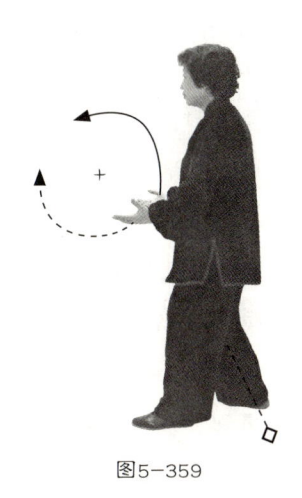

图5-359　　　　　　　图5-360

内功诠释：

汪公永泉先师常对学子们讲："现在都拿养生架当成技击架，所以得不到太极拳技击真的功夫"。汪师讲："技击架与养生架是杨家两种不同拳架。"直至汪师离开人世，也没将所得到的杨公健侯及少侯的技击功夫讲给学子，只是暗示出很多进取的道理和让学子纳闷的奥妙内功。可见杨家不允许入门弟子对外讲技击真谛，只许讲养生拳架。

漫长的20年来，作者长期思考汪先师所讲："套路架子要拆开，如果你拆不开套路架子，就得不到内功奥妙。"暗示学子们"拳架套路不是固定不变的，应当掌握要领，灵活应用"。从这段讲话可以理解汪师平常所说"一个个劲法就像你已经积累的一盘珠子，看你怎么把它串在一起，串得正确与否要靠个人的理解程度"。

汪先师指出，所学拳架都要拆开研究为什么这样练，要从各个方面去探研。首先是每个拳架的名称中心思想是什么，有些名称是模仿飞禽走兽动作的关键之处，有些是与它们共嬉。

173

例如"野马分鬃"这个式子，所谓野马，是未被驯服之马，但采取"分鬃"这两个字是有一定意义和目的的，这是野马群中一种奇特的动作。马颈之鬃是野马独有的攻击技能，马鬃既有硬度又有韧性，当野马被驯服时颈鬃就被剪短。前辈理解了野马分鬃刹那间全部动作是"动与静相互关联"，故编入太极拳术中。由此看出前辈绝非为了美化太极拳而起些美妙名词，太极拳的名称中隐匿着极其重要的"内功劲法"。

当年杨公露禅入京都名声大噪，杨家肯定得到了太极拳术真谛，不然不会在封建社会天子脚下得到立足之地而被王爷们请进府门，能征善战的王爷们能看上太极拳术，重视太极拳，肯定意识到了该拳术蕴藏着奥妙。杨家发现王爷们更喜爱拳术中的养生功效，致使杨家的太极拳术产生转折点，以后杨家渐渐将太极拳改编成养生拳架。故在"野马分鬃"中仍写养生套路。

图5-361

右野马分鬃

1. 心中一静，意气顺旋返于身形左侧，促使重心后移于右足四点处，右足尖外撇，以肘带腰身形左转，黏带右手外翻，沿顺时针轨迹弧形旋落于右腹前；同时左手沿顺时针轨迹弧形旋向左胸前。双目注视正南方。（图5-361）

第五章　拳术详解

2. 身形继续左旋，右足前移于左足旁，以前足掌着地，两腿要有直中求曲之意（由面向西转成面向南），意气在身前顺旋黏带右手半握拳旋于胸前十字竖下端；同时黏带左手半握拳旋于胸前十字竖上端，两拳心上下相对。双目注视前方。（图5-362）

图5-362

3. 瞬间双拳由十字上下两端舒展成掌向十字左右隅角嵌出（此为瞬间正隅旋变，称之为"一顺"）。心中一静，内气下沉，意想右腿移于左腿前，使周身气势沁向前方大玻璃面上，无丝毫凸凹感触为之一平（此为沁之意，称为"一沁"）。双目扩视前方。（图5-363）

图5-363

4. 心吞意纳背气呈现，意想犹如一匹野马撒欢、四蹄攒起怒跳，而形静犹如马颈之鬃，分垂两侧（这是野马分鬃一式中，阳虽突发而阴静随之，独特的内劲法）。马之旋跳引带身形右旋，右脚随身形右转向右前方迈出，重心移于右腿右足内踝二点处，左足尖内扣；马之右前腿蹦踢，黏

175

引右臂向身右侧掤挒，手心向上，马之左前腿踏踩，黏引左手向下按採，手心向下，背部有隆起之意，背贴外气，内气涌向身前，右臂右手通出马右蹄向右蹦踢内劲（此为马之一蹦），左臂左手通出马左蹄向下踏踩内劲（此为马之一踢）。面向正西，双目扩视前方。（图5-364、图5-365、图5-365附图）

图5-364

图5-365

图5-365附图

5. 前方鹄星显现，周身意气集向鹄星，吸引左拳外翻，以拳背中指根问星，刹那间鹄星消失，意气回返身前透向背后圆散，促使身形后撤，重心后移于左腿左足内踝四点处，引带左拳舒展成掌沉落于左胯旁，意想胯间钟锤向前下方荡出。（图5-366~图5-368）

图5-366

图5-367

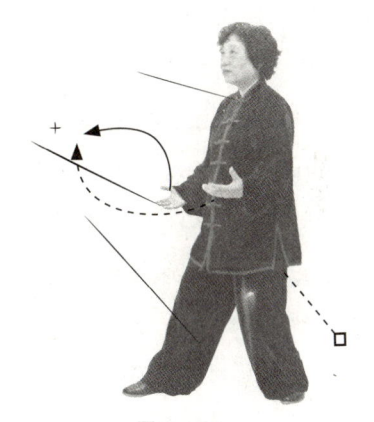

图5-368

6. 意气经胸中集散而出，意想胯间钟锤向身后下方荡回，重心前移于右腿右足内踝二点处，黏带胸部十字移于胸前，促使双手内翻，意气沿十字边缘上旋于十字上下两隅角透出（此为避实就虚，以虚带实），引领双手掌犹如扶向垂直平面玻璃面上，使十字留在两臂空间中。双目注视前方，面向正西。（图5-369）

图5-369

内功诠释：

汪公永泉先师提出"要学会用法，就得拆开架子"。这一式前辈采取"野马分鬃"这个名字，很耐人寻味，它有一定的意义。首先说野马生性暴躁、爱撒欢尥蹶子，这些动作在拳术中是不可取的，而野马的分鬃被前辈发现，它是将柔软聚集在一起，成为一种积柔成刚的攻击武器，引起前辈们的重视。在野马撒欢蹦跳、四蹄攒起、尥撅子蹬踢刹那间，马之鬃确是向两侧垂分静止的。这种动中有静，是一种静之蓄的诗发特点。

马之四蹄攒起是蓄劲，旋即四蹄蹬踢而下落，这时马鬃掤起，可向任何方向甩出，猛然抽回发出极有威力的一击。

由此可知取名"野马分鬃"于太极拳中有它一定的道理，以阴阳论述的太极拳，以阳之形体与阴之内功更能深入一层理解，于突然阳动时更应注意寓含的阴之静，方能掌握阴阳平衡，得到野马分鬃时阴与阳互育互为根之奥妙。为此在右野马分鬃一式中写出技击内功，学者可以进一步探究。

第二十一式　小七星锤

1. 意气由身左侧逆螺旋旋绕，黏带右手外翻变握拳，左手手指贴于右脉上，两手旋向胸前，意气引带钟锤在两腿间逆时针向身后荡旋，促使重心后移，右足向后撤步；同时连带左足撤于右足旁，以足掌踏地。双目注视两足前方。（图5-370）

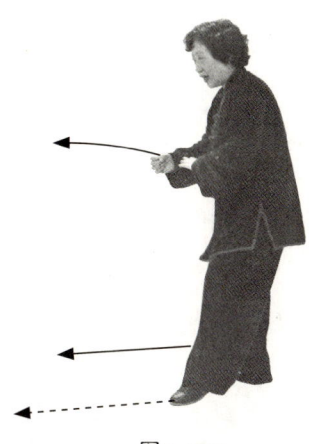

图5-370

2. 刹那间钟锤向身前荡旋，促使重心前移，黏带左脚向前速进步，速带右足前进于左足旁；同时右拳内翻，拳眼朝上，左手手指贴在右前臂上，随逆旋而起，身外意气旋荡；意气集向身前，黏带右拳向前冲挤而出。面向西南隅角，双目注视身前方。（图5-371）

图5-371

注："小七星锤"在杨公澄甫所传八十八式套路中没有此式，而其父健侯公所传套路中有"小七星锤"一式，故为八十九式。

"小七星锤"一式像宇宙中大熊星座七颗明亮的星分布成勺形。左右脚撤步与进步的四步，犹如沿七星之勺逆旋，勺把三颗如人之腰、肘、腕，故称"小七星锤"。

179

第二十二式　转身左蹬脚

1. 意气圆散回返身前，促使重心后移于右腿右足内踝四点处，黏带右拳外翻，沿逆时针轨迹旋向胸前；同时左手由右前臂下旋出，外翻握拳贴于右拳外，双拳叠累于胸前。左足横撤步。双目扩视。（图5-372）

图5-372

2. 以肘带腰，身形左转，步随身换，重心移于左腿，右足尖内扣，重心移于右腿，左足跟内旋，转成面向东南。双目注视前方。（图5-373）

图5-373

3. 胸中一吞，意气下沉于腰间，三关竖起，黏带双拳沉落弧形旋绕于身旁两侧，双拳舒展成掌，手心向上。双目凝视前方。（图5-374）

图5-374

第五章 拳术详解

4. 意气在腰间贴背而上，向两臂迂回圆散，黏带双手弧形上旋于两肩前，向左右两侧掤展，双手手心向上。两掌心托小气球，意想双臂犹如穿向藤茎圈中，两臂有沉坠感。双目扩视前方。（图5-375）

图5-375

5. 意气集向胸前透向背部，身形后倚，黏带双手回拢，两肘向左右张展，两手手心托小气球外翻成立掌，手指朝上，三关竖起，意气沿背部十字四端散出。意想身如倚靠天秤，而立身平准，左膝提起。双目注视前方。（图5-376）

图5-376

6. 心中一静，内气沿十字之竖下沉，使胯圈圆散而出，胯圈前端吸引左足及足跟于不经意间向前蹬出；同时内气沿十字之横通出，沿两臂通向双手，将手心小气球催向前方。意气集向身前。面前东南隅角，双目凝视前方。（图5-377）

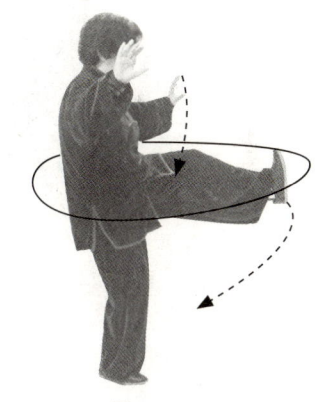

图5-377

注：转身左蹬脚的转身，是编排套路方向的需要，左蹬脚要依靠胯圈来引吸，不能提脚过高。

181

第二十三式　左右玉女穿梭

左玉女穿梭

1. 胯圈圆散，内气集向胯前，黏带左腿不经意屈膝，左小腿松垂，足尖朝地，黏引左手沉落于左腿上，手指朝前；同时黏引右手外翻、手心朝左，意想有一额状弧形圈贯穿于两手和左脚，以左手在中间控领弧形圈运行，使两手和左脚成为一个整体圆转下落，左足尖点地落于右脚前。双目注视左足前方。（图5-378、图5-379）

图5-378

图5-379

注：上述额状弧形圈，以一个中心点控制着两端，是演练"以点带面"，旨在得到"劲整"中之奥妙。

2. 随即左脚踏实，重心前移于左脚，右手外翻下落于腹部，手心朝内。前方茫点显示，引吸左手向前张展，瞬间茫点消失，意气斥返引领三关后撤，促使右足跟提起，以前脚掌贴地向后撤步，重心后移于右腿右足内踝四点处。（图5-380）

图5-380

3. 以两肘带动腰圈向右后转身，步随身换，左足尖内扣，重心移于左腿，右足跟内旋，意气回返胸中由背后向两臂迂回。右肘平屈随身形继续右转，右足尖再外撇，重心后移于右腿右足内踝二点处，左足跟随旋腰外撇，左手随左前臂外旋提至胸前贴于右肘内上方，手心向上，右手随之微下落环护左肘，意想有个织布梭在引领左手向右穿出。面前西北，双目注视前方。（图5-381、图5-382）

图5-381 　　　　　　图5-382

注：右肘与左手形同古代的织布梭子，右肘似梭皮、左手似梭心，肘开、手穿默契配合，使内劲朝同一方向传递。

183

4. 意气圆散，促使左手弧形逆旋于左前方；同时右手下旋于右腰旁，意想双手犹如持着一杆大枪，左手顺大枪通出掤挒内劲于枪头，右手顺大枪向枪尾通出将採内劲，使身内、身外意气圆整。黏带身形逐渐左旋，似将一座小孤山以枪头横扫平开而移向身前左方，重心逐渐移于左腿。面向正西，双目扩视前方。（图5-383）

注：横扫平开似赶山，是杨家太极大枪中"风卷残云"一式。

图5-383

5. 意气回返胸中由背后向两臂迂回，重心移于左腿左足内踝四点处，左肘随身形左转而逐渐平屈；同时右手随右前臂提经胸前贴左肘内上方，手心向上，左手随之微下落环护右肘，意想有个织布梭在引领右手向左穿出。面向西南，双目凝视身左侧。（图5-384）

图5-384

注：左肘与右手形同古代的织布梭子，左肘似梭皮、右手似梭心，肘开、手穿默契配合，使身内劲朝同一方向传递。

第五章 拳术详解

6. 意气圆散，促使右手弧形顺旋于身体右前方；同时左手下旋于左腰旁，意想双手犹如持着一杆大枪，右手顺大枪通出掤挒内劲于枪头，左手顺大枪向枪尾通出捋採内劲，使身内、身外意气圆整。黏带身形逐渐右旋，似将一座小孤山以枪头横扫平开而移向身前右方，重心逐渐移于右腿右足内踝二点处。面向正西，双目扩视前方。（图5-385）

图5-385

7. 心中一怔，意想背后有一座山峰顶端突然断裂，促使腰部一长，背部上下斥分，两腿屈膝下蹲，旋即断裂开的山峰顶向身前山岳碰去，促使双手持大枪立劈而下（谓之"山劈五岳"）。面向正西，双目凝视意想的大枪前端。（图5-386）

图5-386

注：杨家太极大枪"山劈五岳"，演练中意想五岳山中小的山峰断裂碰在五岳山上，故称"山劈五岳"。

进入高级功法，意与内气、外气相互生成的整劲，生发出奥妙神奇之威力。

8. 心中一静，内气下沉，意想大枪犹如身外的凤凰抬头，轻灵而起，引带右手不经意上掤，随三关竖起，促使左手以採捋而下沉。面向西北，双目注视前方。（图5-387）

图5-387

注：杨家太极大枪中的"凤凰抬头"一式，非以两手硬撩抖大枪，而是意气要通出大枪，头尾形成一个整体，随三关竖起，大枪才能像凤凰抬头轻灵上抬。故称"凤凰抬头灵又轻"。

9. 胸中一沉着，通注大枪中的内劲旋即回返两臂，重心后移，黏带双手随两前臂将大枪沿逆时针向后旋合，意想枪头将星星摘向身后方，随即内气由背后向两臂迂回，意想大枪沿顺时针旋出，双手内旋。手心朝前，随重心前移，意想似竖立的大枪弃星挽月推向前方，意气使右手似掤掷内劲，同时左手以下押内劲换出月亮。面向西北，双目扩视前上方。（图5-388～图5-390）

第五章　拳术详解

图5-388　　　　　　　　　　　　图5-389

图5-390

　　注：杨家太极大枪"摘星换月"一式中所示：拨云见日世间奇，"开合当中"显神威。若能"不离黏随"劲，"进退如意"不失机。要认真理解引号内的文字，它是关键奥妙之处。

187

右玉女穿梭

1. 心中一静，意气回返胸中，内气由背后向两臂迂回，左足跟内扣，促使重心后移于左腿左足内踝四点处，以两肘带动腰圈向左旋转，黏引右手随右前臂外旋回落于胸前，手心向上；同时黏引左肘平屈，左手外旋环护右肘，随身形继续左旋，右足向左前方迈出。面向正南方，意想有个织布梭在引领左手向右穿出。双目注视前方。（图5-391、图5-392）

图5-391

图5-392

注：左肘与右手形同古代的织布梭子，左肘似梭皮、右手似梭心，肘开、手穿默契配合，使身内劲朝同一方向传递。

2. 意气圆散，促使右手弧形逆旋于身体右前方，同时左手下旋于左腰旁。意想双手犹如持着一杆大枪，右手顺大枪通出掤捯内劲于枪头，左手顺大枪向枪尾通出捋採内劲，使身内、身外意气圆整。重心逐渐移于右腿。黏带身形逐渐右旋，似将一座小孤山以枪头横扫平开而移向身前右方。面向正西，双目扩视前方。（图5-393）

注：横扫平开似赶山，是杨家太极大枪中"风卷残云"一式。

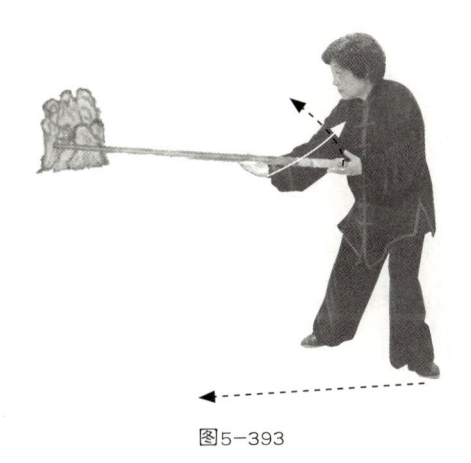

图5-393

3. 意气回返胸中由背后向两臂迁回，重心移于右腿右足内踝四点处，左足向左前方迈出。右肘随身形右转而逐渐平屈；同时左手随左前臂提经胸前贴右肘内上方，手心向上，右手随之微下落环护左肘，意想有个织布梭在引领左手向右穿出。面前正西，双目凝视身右侧。（图5-394）

图5-394

4. 意气圆散，促使左手弧形顺旋于左前方，同时右手下旋于右腰旁。意想双手犹如持着一杆大枪，左手顺大枪通出掤捌内劲于枪头，右手顺大枪向枪尾通出将採内劲，使身内、身外意气圆整。黏带身形逐渐左旋，似将一座小孤山以枪头横扫平开而移向身前左方，重心逐渐移于左腿左足内踝二点处。面向西南，双目扩视前方。（图5-395）

图5-395

5. 心中一怔，意想背后有一座山峰顶端突然断裂，促使腰部一长，背部上下斥分，两腿屈膝下蹲，旋即断裂开的山峰顶向身前山岳碰去，促使双手持大枪立劈而下（谓之"山劈五岳"）。面向正西，双目凝视意想的大枪前端。（图5-396）

图5-396

第五章 拳术详解

6. 心中一静，内气下沉，意想大枪犹如身外的凤凰抬头，轻灵而起，引带左手不经意上掤，随三关竖起，促使右手以採挒而下沉。面向西南，双目注视前方。（图5-397）

图5-397

7. 胸中一沉着，通注大枪中的内劲旋即回返两臂，重心后移，黏带双手随两前臂将大枪沿顺时针向后旋合，意想枪头将星星摘向身后方，随即内气由背后向两臂迂回，意想大枪沿逆时针旋出，双手内旋。手心朝前，随重心前移，意想似竖立的大枪弃星挽月推向前方，意气使左手似掤掷内劲，同时右手以下抻内劲换出月亮。面向西南，双目扩视前上方。（图5-398~图5-400）

图5-398　　　　图5-399　　　　图5-400

理法诠释：

杨公澄甫传授拳套中的"玉女穿梭"，将穿梭动作传授成一种招法，而不透露杨家内功劲法。

先师汪永泉讲到"玉女穿梭"时，强调要递肘腾手，连手都腾不出来，怎么与人家接触？我们好长时间都不理解"玉女穿梭"，后来理解到"玉女穿梭"中的关键处是以己肘将对方双手黏着，腾出己之双手等待时机。所以"玉女穿梭"并非模仿穿梭时的动作，进入高境界功法时，你会看出前辈留给后人的每一个式子中命名的含意。

玉女是指天上的织女星在织布中的神威。太极大枪"风卷残云"一式中的"横扫平开似赶山"是指玉女织布时，梭子的左右穿动。"山劈五岳""凤凰抬头"两式是玉女织布后经线上下分开，使梭子穿过的"综"上下移动。"摘星换月"一式是综的前后移动。

这是杨家对外从不透露的内功劲法，当年汪先师也只是讲一些暗示而已。

第二十四式　单鞭下式

1. 心中一静，意气回返胸前，促使重心后移，身形随之右转，左足尖内扣，黏引左手沿逆时针弧形下落于左胯旁；同时黏引右手沿逆时针弧形上旋于左肩左前方。面向西北，双目注视左前方。（图5-401）

2. 旋即重心移于左腿，右足跟内旋，右手内翻握，五指聚拢成钩，右臂圈揽成半环状，钩尖向下；同时左手弧形上旋于半环形右臂中，手心向内，拇指朝上；重心移于右腿右足内踝二点处。意想前方有群山环抱，突然感受到山中有山体滑坡的震荡，心中一怔，波动的气流直逼右侧腰胯；左脚于不经意间向后滑去，身形随之下落。面向正北，双目凝视前方山体。（图5-402、图5-402附图、图5-403）

图5-401

图5-402

图5-402附图

图5-403

3. 受气流波动影响身形左转，气流向身体左侧冲去，引带左手手心朝内环贴右膝至裆前，左足尖外撇，左手指尖转至朝前，手背沿左膝左踝内侧向前穿伸，受气流引领身形前拥，左膝屈起，重心前移于左足。面向西南，双目扩视前下方。（图5-404～图5-406）

图5-404　　　　　　图5-405　　　　　　图5-406

4. 气流冲过，心中平静，内气沉落，精神提起，双目扩视，左手指向前方小山岗处，似有一条小蛇呈现眼前，蜿蜒爬行钻入石缝，身形随双目窥视而前移。蛇尾下行之意未停，蛇头旋即弧形由前方钻出，引领身形于不经意间自然升腾而起，右手变掌落于右胯旁。面向西南，双目注视山岗处的小蛇。（图5-407、图5-408）

图5-407

图5-408

注：汪师讲，演练拳架时由始至终无论什么式子都要周身舒适，"单鞭"下式也不例外，明确指出必需依靠"意"。意气是符合科学规律的一种自然现象，只有依仗"意之遐想""外气引促"才能使周身松散自然下落。在单鞭下式中才能做到右腿屈膝，臀部犹如坐在矮板凳上，身形与两腿毫无负重感觉，无憋气感，无丝毫僵滞。

第二十五式　海底针

1. 意气集聚身前方，使重心前移于左腿左足内踝二点处，右足前移于左足右后方，胸部微含，内气回返胸中。黏引右手弧形旋向身前，手心向内；同时左手向内旋合，手心朝内，双手叠垒于腹前。两手沿逆时针轨迹相互旋绕，左手向上旋出，右手向下旋进，内气透向背后迂回两臂，促使左手弧形旋落于左膝前；同时右手旋向右胯旁。面向正西，双目注视前下方。（图5-409、图5-410）

图5-409 　　　　　　　　图5-410

2. 心中一静，意气回返胸前与右臂弯内（犹如一个幽谷），两手心相对，胸部一含，驰意涌入幽谷将一张意想的弓催开，背部圆散后倚，重心移于右腿，内气由劲源向两臂输布（要瞬间同时完成），身形略左转，左手回捋左胯旁，左脚前移，以前脚掌点地，随即弓张。右手向前掤展，弹丸射出，意想崩向海底十字之横，由于腕部一鼓，击于十字交点下十字之竖，将十字崩断，倒于海底。双目凝视前下方。（图5-411、图5-412）

图5-411　　　　　　　　　　　　图5-412

内功诠释：

"海底针"一式中意想之弓，是借以演练"蓄而待发"弓之蓄，要借人之力，使弓圆张。故有"妙处全凭能借力，得来毫不费功夫"的说法。

弓之待发是要达到目的时才能发，视目的地之面呈现一鼓，即中心点显露，立即手走直线点，腕崩点之边，以这两种混合内劲，才能出现奥妙。

第二十六式　扇通背

1. 意气圆散，黏引双手外翻旋向身前两侧，两手手心向上，胸部一吞，内气集于胸中，三关竖起，内气直沉尾闾，促使左足前移踏实。面向正西，双目注视前方。（图5-413）

图5-413

2. 以肘带腰，身形右转，步随身换，左足尖内扣，向右前方移步，面向西北。重心随之前移于左腿左足内踝二点处，内气由尾闾直沉地面，受地气影响旋即漫散，意想内气像一把倒置的大折扇，由两脚间向腰胯两侧展开，顿感有圆散轻灵感触。面向西北，双目凝视前方。（图5-414）

图5-414

3. 内气沿折扇两边骨架，集聚腰间贴背直上，促使三关前长。内气由头后升出，受外气影响，旋即漫散。意想内气像一把大折扇，由头顶向左右肩身外两侧展开，促使两臂升腾、双拳张展，两手手心朝外，周身被天地间阴阳二气融润圆散，呈现虚无化境。（图5-415）

图5-415

理法诠释：

汪师在讲学时指出，"你们要善于发现，在养生拳架中蕴藏有技击内功，而在揉手中也蕴藏有养生奥妙"。

杨家在"扇通背"一式中编入以纸折扇的技击，在拳架中演练养生内功。纸折扇的两个轴都位于腰间，指明腰是上下相随的枢纽。

五 路

第二十七式　转身撇身捶

第二十八式　斜飞式

第二十九式　提手上式

第 三 十 式　肘底捶

第三十一式　上步七星

第三十二式　退步胯採

五　路

第二十七式　转身撇身捶

1. 胸部一吞，意气回返，促使重心后移于中心三点后。三关竖起，身形微右转，面朝北。步随身换，左足尖内扣，使两脚成"内八字步"；黏带右手沿顺时针轨迹弧形旋绕于腹前，手心朝下握外气变握拳；同时左手沿顺时针轨迹旋于胸前，手心侧向外。双目注视前方。（图5-416、图5-416附图一、图5-416附图二）

图5-416

图5-416附图一 　　图5-416附图二

2. 心中一静，内气由胸中沿"中心线"直沉会阴，促使双手上下相斥拔长，旋即内气由会阴圆散，促使"重心线"前移，黏带两腿、两足以前脚掌碾地，足跟内合。（图5-416附图三）

图5-416附图三

注：

（1）"中心线"是由胸中至会阴的一条直线，原称前线。

（2）"重心线"是由尾闾至两足跟中间的一条垂直线，原称后线。

（3）内"八字步"是两足尖内扣，原称斗鸡步。

（4）"露中"是将身后重心线前移与中心线相接，将这条线暴露于身前。

这是汪师传授杨家太极拳术时讲述的内功劲法。

第五章　拳术详解

3. 意想前线下落于后线上，身形一整，精神提起，重心移于左腿，立即后线"露中"沿顺时针向身右侧旋抛，黏带身形右转，右足向右迈步。右拳外翻，随之弧形撇出，拳眼朝上。左手旋落贴向右前臂内侧，手心向下，重心前移至右腿，左足尖内扣。面向正东，双目凝视前方。（图5-417、图5-417附图、图5-418）

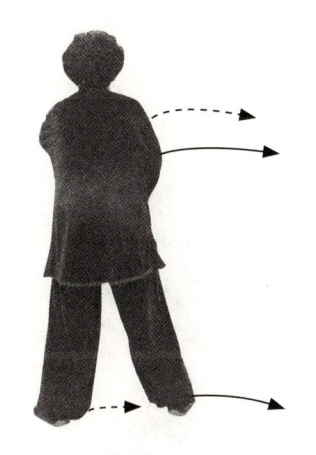

图5-417

图5-417附图

图5-418

4. 胸部一吞，意气回返，促使重心后移于左腿，内气顺旋集向胸前，身形右旋，胸部十字倾斜，黏带右拳屈肘回捋于身形右侧，黏促左手向肩前伸展，手心朝前。面向东南，双目扩视前方。（图5-419）

图5-419

5. 刹那间内气又逆旋返回胸部十字，使重心前移至两足间三点后，身形左旋，意气涌出十字集向身前方，黏促右拳内翻，向右肩前上方掤展而出，拳眼侧朝下；黏引左手回捋以手指贴于右肘内侧。面向正东，双目凝视前方。（图5-420）

图5-420

内功诠释：

转身撇身锤一式中，"露中"是内功关键奥妙处，并非以肘带腰的身形右转，而是"中心线"与"重心线"合一。以这条线暴露旋抛，引促身形整劲的撇身右转，在转身时要撇出身形内劲，这才是内功关键，而锤只是手形而已。

第二十八式　斜飞式

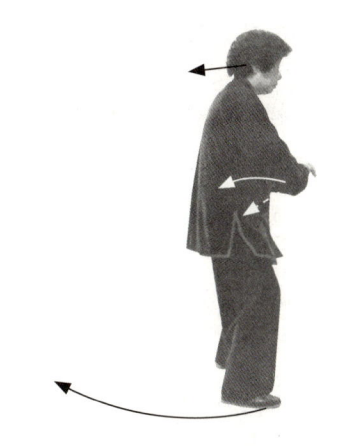

1. 意想有一只太平鸟落于右臂上，不禁心中喜悦，轻轻卷回右臂。以黏引吸内劲，将鸟引粘于胸前，使太平鸟不能起飞，双目观其绚丽。左手旋落欲抚摸鸟身羽毛，使鸟借相合之内劲而逃窜。（图5-421）

2. 双目注视鸟之蹿飞，不经意中重心旋变，脚随之撇扣，随鸟之斜飞身形转成朝向西面，右手弧形随鸟旋飞，不觉中上伸舒掌，身形、手势成斜飞之式。面向西北，双目仍凝视太平鸟。（图5-422、图5-423）

图5-421

图5-422 　　　图5-423

注：太平鸟是笼外驯养之鸟，其飞行速度甚快，是一种衔果而食之鸟。

内功诠释：

随鸟快速之逃飞而身形旋转，重心移动，足随之外撇、内扣，其规律不能改变，进入高层次要明了"意"的目的，要在不经意中刹那间完成"无意出真意"，有速而不乱，进入内功高境界。

附：斜飞时身形、步伐运动规律（图5-421），步随身右转，右足撇后，重心随即移于右腿（图5-422）。左足跟外撇，重心又移回左腿，右足尖外撇，重心再移于右腿右足。

第二十九式　提手上式

1. 心中对鸟仍存依恋，三关领起，左足前移至右脚旁，左手掤伸张展，双手外翻，掌心向上，似欢送太平鸟远飞而去。（图5-424）

图5-424

2. 心中平静，意气圆散，内气集入胸中，重心后移于左足，以肘带腰，身形微左旋，内气顺身中垂直线沉落两足间，黏带双手沉落于两胯旁。面向西南，双目扩视前方。（图5-425）

图5-425

3. 下沉的内气受地气影响而漫散，沿身外升腾而起，黏带两臂弧形旋升于两肩前。内气集向两臂中，胸中一吞，内气集入胸中透向背部圆散，促使背部后倚，右足前移以足跟着地，三关竖起，背后圆散的内气，又集于背部涌向胸前，黏引双手内翻，两手心贴扶在意想的圆锥形空筒两侧，内气沿空筒鱼贯而出。面向西南，双目扩视前方。（图5-426）

图5-426

内功诠释：

杨家在太极拳术中非常关注内气的集中与分散，故在"提手上式"一式功法中，使集中的内气分散而出。在"手挥琵琶"一式功法中，使分散的内气集中而出。

在练拳的过程中要意识到，内气集中时必然导致分散，相反，当内气分散时，就已孕育着集中，无论是分散或是集中，都必须掌握一分散、一集中的原则，否则就违背太极拳的规律和阴阳相互转换的原理。

第三十式　肘底锤

1. 胸部一含，内气回返身前，集入胸中，以肘带腰，身形左转，右足尖内扣，右足掌下落踏实，重心移于右脚，内气下沉，黏带两肘向腰圈沉落，双手外翻，弧形旋落于腰圈两侧，手心向上。面向正南，双目注视身前。（图5-427）

图5-427

2. 内气下沉，由腰间圆散而出，以肘带腰，身形继续左转，黏促双手内翻，手心向下，向身体左侧前方下潜。面向东南，双目扩视身前左侧下方。（图5-428）

图5-428

3. 胸部十字一凹，意气逆旋于左胯旁，促使身形微左旋，黏带右手领左手沿逆时针轨迹旋绕于腹前。刹那间胸部一凸，内气由腹前顺旋于右身旁，黏带右手领左手沿顺时针轨迹旋向腹部，继而胸部一凸，双手由腹前又顺旋于右身旁，身形微右旋，重心移于右腿。双目扩视前下方。（图5-429）

图5-429

4. 胸部十字继而一凹，内气由右胯旁黏带左手领右手，沿顺时针轨迹弧形旋绕于腹前，内气下沉，黏带左足前移，引促右足移于左足旁。随即胸部一凸，内气由腹前逆旋于左胯旁，身形微左旋，重心移于右腿。黏带左手领右手沿逆时针轨迹弧形旋绕于左身旁。双目扩视前下方。（图5-430）

图5-430

附：双手要沿阿拉伯数字"8"旋绕（图5-430附图），图中外围圈是人体腰腹部，右面扁圆形圈是沿逆时针旋绕的阴面，左面扁圆形圈是沿顺时针旋绕的阳面。双手的旋绕是一阴一阳或一阳一阴的左右或右左旋绕，都要依靠钟锤的旋荡，黏带双手一先一后地旋绕。图中十字是腰椎的位置处。

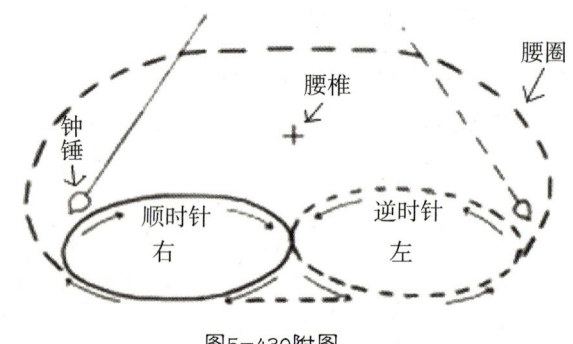

图5-430附图

第五章　拳术详解

内功诠释：

参照图5-428所绘左右手线路，首先从身体左侧开始绕"8"字，向身内凹弧形旋绕，右手在前，左手跟随在后，以捋内劲促使右手向右捌；同时捋内劲促使左手向右採，右肩肘向后以肘靠内劲相援。双手沿腹部凹弧形旋至"8"字中心交会处时，又变成沿凸弧形在腹前向右旋绕，以挤内劲促使右手向右掤；同时挤内劲促使左手向右按，左肩肘向前以肘靠内劲相援，旋绕于身右侧。图5-429所绘，双手向左侧旋绕，只是与上述左右相反，而劲法相同。

5. 胸部十字一凹，内气由左胯旁黏带右手领左手沿腹部逆时针轨迹弧形旋绕于"8"字中心交会处，胸部十字一凸，内气黏带双手变顺旋，沿额状立圈掤起，重心移于右腿。身形微右旋，面向正南，继续沿额状立圈旋绕，左手掤于右胸前；同时右手外翻，沿额状立圈旋按于右腹前，手心向上。双目注视身前额状立圈。（图5-431）

图5-431

6. 胸部十字一凹，身形微右旋，面向西南，内气黏带双手在右胸腹间沿矢状圈顺旋。左手外翻，沿立圈外侧下旋于右腹前，手心侧向上；同时右手内翻，沿立圈内侧上旋于胸部，手心侧向下。双目注视身右侧矢状立圈。（图5-432）

图5-432

211

7. 胸部十字一凸，使内气由胸中涌出于右胸前，受意囊括使内气旋转成球。黏带左手逆旋外翻，旋向球底；同时黏带右手逆旋外翻，旋向球顶，双手旋揉圆球，刹那间，随左脚收向右脚内侧，以足掌着地；同时右手逆旋于圆球右侧，手心侧向外，拇指朝下，右掌心将意气圆球旋出。瞬间胸部十字一凹，双手黏随圆球上下端逆旋，将意气圆球拢回胸前，双目注视意气圆球。（图5-433、图5-434）

图5-433

图5-434

图5-435

8. 身形左转，步随身换，左足向左横开步于左侧前方；胸部十字一凸，右手由圆球外侧下旋，以掌心按于右胯旁，以肘带腰；左手掌托圆球掤展于左胸前方。重心前移至左腿左足内踝二点处。面向正东，双目扩视前方。（图5-435）

9. 意气圆球弥散，内气回返身前，胸部一吞，内气直沉尾闾，引领左手沉落于身体左侧，三关竖起，使钟锤前荡于两小腿前方，引促右足向身右侧横移步与左脚形成三角步伐。引促右手外翻握拳，向肩圈前掤展，拳心向内。双目注视前方。（图5-436）

图5-436

10. 随即钟锤向后荡于两小腿后，使右脚并于左足旁，重心移于右腿右足内踝。促使左手内翻，向肩圈右前方掤展，手心侧朝前。继而钟锤前荡于两小腿前方，随钟锤前荡左脚向前迈步，重心移于三点前；同时促使右拳内翻，向肩圈右前方掤展，拳眼向上，而左掌回落于左胯前，手心侧向内。双目注视前方。（图5-437、图5-438）

图5-437 　　　　　　　图5-438

11. 刹那间钟锤后荡于两小腿后方，左足尖微翘起，重心移至右腿右足内踝四点处，三关竖起；同时左掌与右拳交叉相互撤换，右拳由左前臂下撤于左肘下，而左掌由右拳上穿伸于肩圈前方，拇指朝上，右拳藏于左肘底，拳眼似贴左肘尖。面向正东，双目凝视前方。（图5-439）

图5-439

第三十一式　上步七星

1. 心中一沉着，意气圆散，内气回返胸中直沉尾闾，左足掌下落踏实。内气下沉黏引双手下旋于腹前，右拳拳眼侧朝上，左手手心向内，继而内气由尾闾沉落两足间圆散，促使左足外撇向左侧隅角迈出，重心移于左足。刹那间内气受地气影响，顺身两侧升腾而起，促使左手沿顺时针轨迹上旋于左肩前方，手心向下。面向正东，双目扩视前方。（图5-440、图5-441）

图5-440

图5-441

2. 三关竖起，钟锤向前荡出，引领右足向东北隅角方向上步，重心移于右腿右足内踝二点处；同时右拳内翻，上掤于左肩前上方，拳眼侧朝下，左手贴于右前臂上，指向天空七星。面向东北，双目凝视上空。（图5-442）

图5-442

附："上步七星"中的"七星"，是指人体中七个关键部位，即两踝、两膝、腰、肘、腕。前辈将上步掤锤取名上步七星。

第三十二式　退步胯採

1. 心中一静，意气圆散，内气回返胸中，沉落腰间促使钟锤后荡，重心移于左足，右足随之后撤于左足后，重心又移于右足；同时双手外翻交搭回落至胸剖，左手在外，双手成半握拳，右拳回落于右胸部，拳心向上，左拳下落于左胯旁，拳心向内。面向正东，双目注视前方。（图5-443）

图5-443

2. 三关竖起，瞬间钟锤顺时针弧形旋荡于右前方，黏带左足横移至右足右前方，以前脚掌踏地。内气在腹内漫散，散出胯气圈，受钟锤右旋影响，使胯圈右侧升腾掤起，内气促使右拳内翻舒展成掌，沿逆时针轨迹弧形上旋于头顶右侧，手心向前。刹那间胯气圈向身左侧逆旋沉落，黏引左手以手掌贴扶于胯气圈上，随胯气圈逆旋踏踩，上半身朝正东，下半身向东南。双目注视前方。（图5-444）

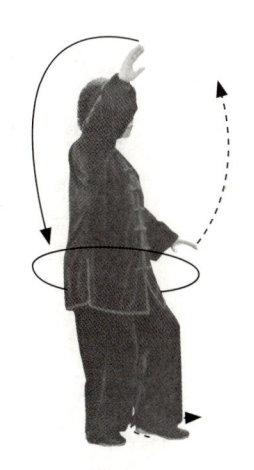

图5-444

217

六 路

第三十三式　转身双摆莲

第三十四式　弯弓射虎

第三十五式　卸步搬拦捶

第三十六式　如封似闭

第三十七式　十字手

六　路

第三十三式　转身双摆莲

1. 胸部一含，身前意气顺旋于身右侧，黏带左手沿顺时针轨迹弧形上掤于左肩上方；同时黏带右手沿顺时针轨迹弧形下落至右胯前；顺旋的意气引促身形右转，步随身换，左足跟外撇。面向正南，双目注视身前。（图5-445）

图5-445

2. 意气引促身形继续右转，重心移于左腿，右足尖外撇，身形转向正西。左手沿顺时针轨迹弧形旋于头前方，手心向下，右手由右身旁沿逆时针轨迹弧形上旋，经头前旋于右胸前，右足尖外撇，左手外翻，沿逆时针

轨迹弧形旋于左胸前，手心向上，双目注视前方。（图5-446、图5-447）

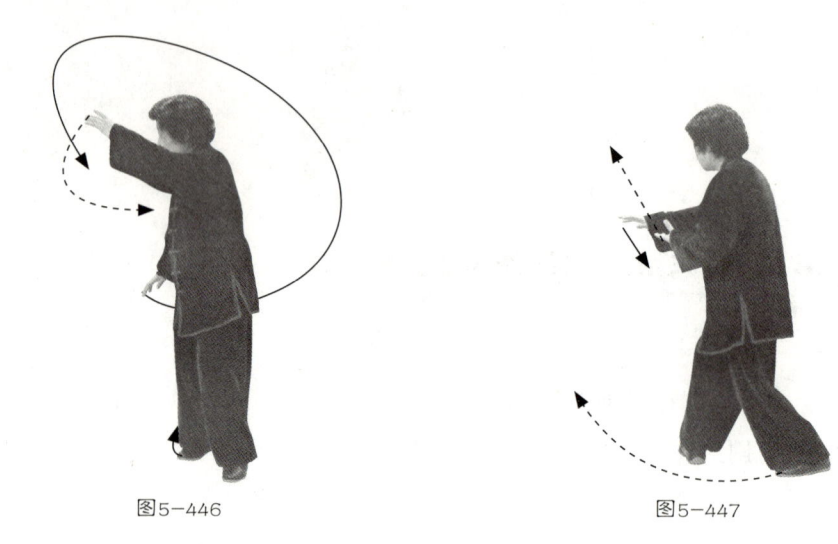

图5-446

图5-447

3. 意气引促身形仍向右转，成面向正北，重心移于右腿，引领左足前移于右足前，重心再移至左腿左足内踝二点处，黏引右手向前沉落，手心向下，意想大蛇沿左腿攀缘而上，左臂引领似蛇而出，左手心向上，正如蛇之信吸吞，神意气集向身前方。（图5-448、图5-448附图）

附：此式与第二路第七式"白蛇吐信"完全相同，唯方向不同。

图5-448

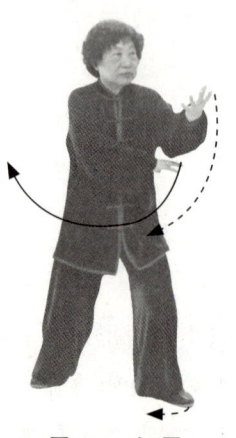

图5-448附图

4. 瞬间身前意气圆散，内气回返身前，沿腰圈右旋，促使重心移于右腿，黏引左足尖内扣，旋成面向东北；同时右旋内气黏引双手沿逆时针轨迹弧形向下旋绕，右手旋于右身前，手心侧向外，左手内翻旋于左身前，手心侧向上。双目注视前方。（图5-449、图5-449附图）

图5-449   图5-449附图

5. 身形继续右旋，重心移回左腿，黏引右足跟内旋，面向正东；右手沿顺时针轨迹弧形上旋至右肩前方，手心向下；左手沿逆时针轨迹弧形上旋于腹前，手心向内。双目注视前方。（图5-450）

图5-450

6. 意气在身前沿顺时针轨迹旋成额状轴大气圈，黏带右脚向左旋绕而起；同时黏带双手向右旋绕，促使肩气圈与胯气圈左右相斥。瞬间意气在身前沿顺螺旋黏带右足，双手集聚胸前方，一刹那间意气又逆螺旋反旋，使左手在先，右手在后与右脚面外侧相互擦碰。面向正东，双目注视前方。（图5-451）

图5-451

221

第三十四式　弯弓射虎

由于意气逆螺旋散开，促使右脚向右前方落地踏实，重心移于右腿右足内踝二点处；同时右手随逆螺旋回返于左腹前变握拳，由右身前旋向右肩前方，拳眼侧向胸前十字中心；左手随逆螺旋回返，经身左侧变握拳旋向腹前，拳眼侧向胸前十字中心；受逆螺旋影响，胸中十字黏带双拳微左旋，使身背后倚，内气沿两臂迂回而出，集向前方。双目凝视正东前方。（图5-452）

图5-452

第三十五式　卸步搬拦捶

1. 意气圆散，内气回返身前，促使重心后移至左腿左足内踝二点处，引带右足后撤于左足旁；内气黏引右拳外翻，沿顺时针轨迹下旋落于裆前，拳心朝内；同时内气黏引左拳舒展成掌，沿顺时针弧形上旋于身前，手心朝下。双目扩视前方。（图5-453）

图5-453

2. 右足后撤于左足旁，前方鹄星显现，周身意气被鹄星吸引，犹如"纲举目张"，不经意间重心移于右腿，左足前移至右足前；左手向左胯旁张展；右拳外旋向前翻举于肩气圈前，以拳背中指根向前方问星。双目注视鹄星。（图5-454）

图5-454

223

3. 瞬间鹄星消失，犹如"纲断目弛"，周身气势回返。内气涌入胸中，黏带右拳收向右胸旁，胸中内气下沉，散出胯气圈。左手在不经意间贴向胯气圈；同时左足略前移，重心移于左腿左足内踝二点处，胯气圈引领左手向左旋搬。此为搬之意气。双目凝视身前胯气圈。（图5-455）

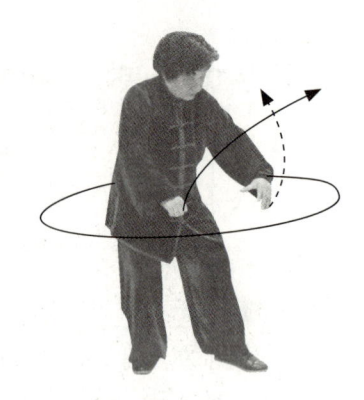

图5-455

4. 茫点显露，三关竖起，精神振奋，内气腾升散出肩气圈。引吸左手外翻以手背贴向肩气圈；同时引吸右拳上举以拳背贴向肩气圈。刹那间茫点弥散，意想身前的肩气圈中间向左右分离，双手在不经意间向左右漫散扩展；同时意涌向身前圆散。此为拦之意气。（图5-456）

图5-456

5. 意气回返身前，内气集向胸中由背后圆散，迂回两臂。以肘带腰，身微右旋，黏带右拳弧形下沉胸前；同时促使左手向前掤展，手心向下。双目扩视前方。（图5-457）

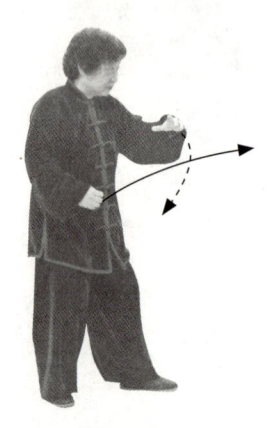

图5-457

6. 以肘带腰身微左旋，黏带左手向左胯前踏按，重心前移于左腿左足内踝二点处；同时黏促右拳内旋，拳眼朝上，于不经意间向前伸展抛落，犹如打在水面上，将水花推溅于前方。此为锤之意气。面向正东，双目凝视身前方。（图5-458）

图5-458

<u>注：卸步用意在于屈己从人。当双方的内劲运转到彼盈我虚之际，采用右退左进的换步。该式与"进步搬拦捶"动作完全相同，故杨家将"退步"称为"卸步"。</u>

理法诠释：

"搬拦捶"一式的重点是指出意衍生出的奥妙。指明搬拦捶的"搬"要依靠意想的整个胯气圈去旋搬，而手不能有丝毫旋搬之形动和手搬之拙劲。"拦"是依靠肩气圈，要意从肩气圈的前面边缘左右旋分而拦，不管右手锤还是左手掌，都不能有丝毫形体动作和手拦的拙劲。搬拦捶的"捶"要向前抛落，似打在水面上，将水花推溅于前方催发波之身。

内功诠释：

汪师永泉公生前对部分学生讲过一段真实故事。

汪师清晨要去寓所后面的城墙根方便，回来时看见在远处有几个人好像是在吵闹争斗，走近只见两个壮年人厮打起来，有两个人在劝架，却怎么也扯不开两人。汪师立即上前双手轻轻一分，两人立即被分开，围观众人惊呆，立即向前询问："您没费劲就能将两人分开，一定是练武之人。"汪师笑答："什么练家，只是练过太极拳。"大家非常羡慕，纷纷表示以后要跟着学学太极功夫。

汪师讲完这段故事，我们立刻询问老师，您怎么轻轻一搭手，就能使他们分开。汪师笑答，师爷教我搬拦锤的拦法，你们要从这段真事中记住，搬拦锤的"搬"绝不是用手硬搬，一定要注意"搬"是用胯圈搬，而"拦"也要用肩圈去拦。在练拳时一定要依靠意念的肩圈、胯圈的运走黏引手之动才能出现奥妙。我劝架时在场的人都说您一伸手什么劲啦、招啦都看不出来，就能将他们分开！你们应当好好考虑一下，我经常讲练拳时要想象没有胳膊、没有手的存在，为什么这样讲？如果你感觉到有手的存在，那就没有意的出现。练出真意就感觉不到胳膊和手的存在，奥妙自然出现。奥妙就是前辈们所提到的"融会贯通"。

第三十六式　如封似闭

1. 意气引领右拳外旋变掌向前伸展，同时左手经右肘下逐渐外旋向前穿伸，意气圆散，促使右臂屈肘后撤，形成两臂交错。屈伸互换集于胸前，胸部微含，内气涌入胸中，身背后倚，重心移于三点后，黏带双手叠垒于胸前，左手在外，右手在内，双手手心侧向内。双目注视前方。（图5-459、图5-460）

图5-459

图5-460

图5-461

2. 胸中一沉着，内气直沉地面，受地气影响，内气沿身旁两侧升腾向身前汇集，犹如沿"山"字运行。重心前移至三点前，双手内翻，由胸前十字中心弧形旋向十字横两端，双手手心朝下。双目扩视身前。（图5-461）

227

附：所谓阴阳转换恍如"山"，是将竖立的山字中间之竖压缩，意气沿山字的两竖上端圆绕通带向前延伸。

3. 内气在身前集聚成一个大气球，意想上体犹如俯伏在大气球上，腰意后塞，两臂圆展前伸，将胸前十字透入大气球中，心中一静，气球沉稳向前碾滚。身向正东，双目凝视身前大气球。（图5-462）

图5-462

第三十七式　十字手

1. 心中一沉着，三关竖起，双手圆转外旋将大气球捧于两臂中。胸部一含，内气涌入胸中，身背后倚，黏引两肘向身旁两侧沉落，双手托气球回拢于胸前，以肘带腰，重心移于右腿。随即身形右转，左足尖内旋，重心移回左腿，右足后撤于左足旁，双手环托大气球成面向正南方。双目注视前方。（图5-463～图5-465）

图5-463

图5-464

图5-465

2. 瞬间意气之球弥散，胸部一含，内气涌入胸中，透向背后，迂回于两臂。黏引双手内翻，手心朝下，弧形旋于左右胯，意想一口大钟笼罩上半身，双手扶向钟口。胸部一沉着，内气下沉，双手擎着钟口，身体随着大钟缓缓沉落，两腿不经意间屈膝下蹲。随即双手环绕钟口前沿合拢至裆前，两手叠垒，右手心贴左手背，手心向内。双目注视身下方。（图5-466～图5-468）

图5-466

图5-467

图5-468

3. 瞬间大钟弥散，内气集向裆部，黏引两手与尾间遥相呼应，意想尾间通出一条意识线，由身前向远方弧形升腾而起，引促双手以中指根为轴旋转外翻，三关竖起。二目扩视远方升起的意识线，身形在不经意间升腾而起，重心移于右腿，左脚略向右移步，右手在外，左手在内，双手叠垒于胸前。双目注视正前方。（图5-469、图5-469附图、图5-470）

图5-469

图5-469附图

图5-470

注：汪师讲过，杨家在王府中讲"十字手"一式中，身形的下蹲与升起，如果不注意内气的运走，会使人突然昏厥（血压不正常引起的症状）。下蹲时要手扶钟口身下落，升起时两手与尾间遥相呼应，意想与尾间通出的意识线引领身形升腾，在"十字手"中保持血压正常，以利养生。

第三节　合太极

1. 心中一静，意气圆散，内气集返胸前涌入胸中，黏引双手随前臂内旋，手心朝下。内气层层松散下沉，黏带两手缓缓沿身前下落，肩、腰、胯三道气圈相继渺茫消散。内气由尾闾涌散两腿间沉落地面，受地气影响又升腾而起，意想双手从两小腿间将钟锤捞起，托向胸中十字，两手在不经意间外旋合拢于两胯前，手心向内，上旋于腹部。旋即内气自颈后犹如百叶窗下落，逐层垂降于两脚后，使身心精神自然蓬勃。双目扩视身前。（图5-471～图5-473）

图5-471

图5-472

图5-473

2. 内气下沉，引吸双手内翻沿腹部沉落于两胯旁，继而内气沉落两脚间，受地气影响而升腾，集向左腿沿顺时针轨迹经左胯弧形旋至腰中间，旋即又沿逆时针轨迹弧形旋向右肩，于不经意间左足提起向右足靠拢，刹时间阳气下降，阴气升腾，阴阳二气结合，相互孕生，一片寂然。（图5-474～图5-476）

图5-474 　　　　　图5-475 　　　　　图5-476

附：三十七式中不包括"合太极"一式

注一：高层次的功夫是在中层次功法的基础上逐步演练而来。功法是在必要的理法中进展的，在进展中逐步加强对功法与理法深层意义的理解，自然从繁琐的理法中得到一种规律性的理法精华，进入"从繁到简"的奥妙中去，明了三十七式的"合太极"就是阴阳之合。

注二：演练三十七式套路时，学者虽然已理解中级功法，但尚未完全掌握神、意、气的运走，所以不必硬性规定行拳时间的长短。学者掌握了三十七式拳架中神意气的运走并渐趋娴熟时，完成三十七式太极拳的演练约需28分钟。总之时间长短只依各自在演练中体会到的"神之奥妙，意之时机，气之阴阳"的规律运走，绝不可受规定时间的约束。

附录一　三十七式动作路线图

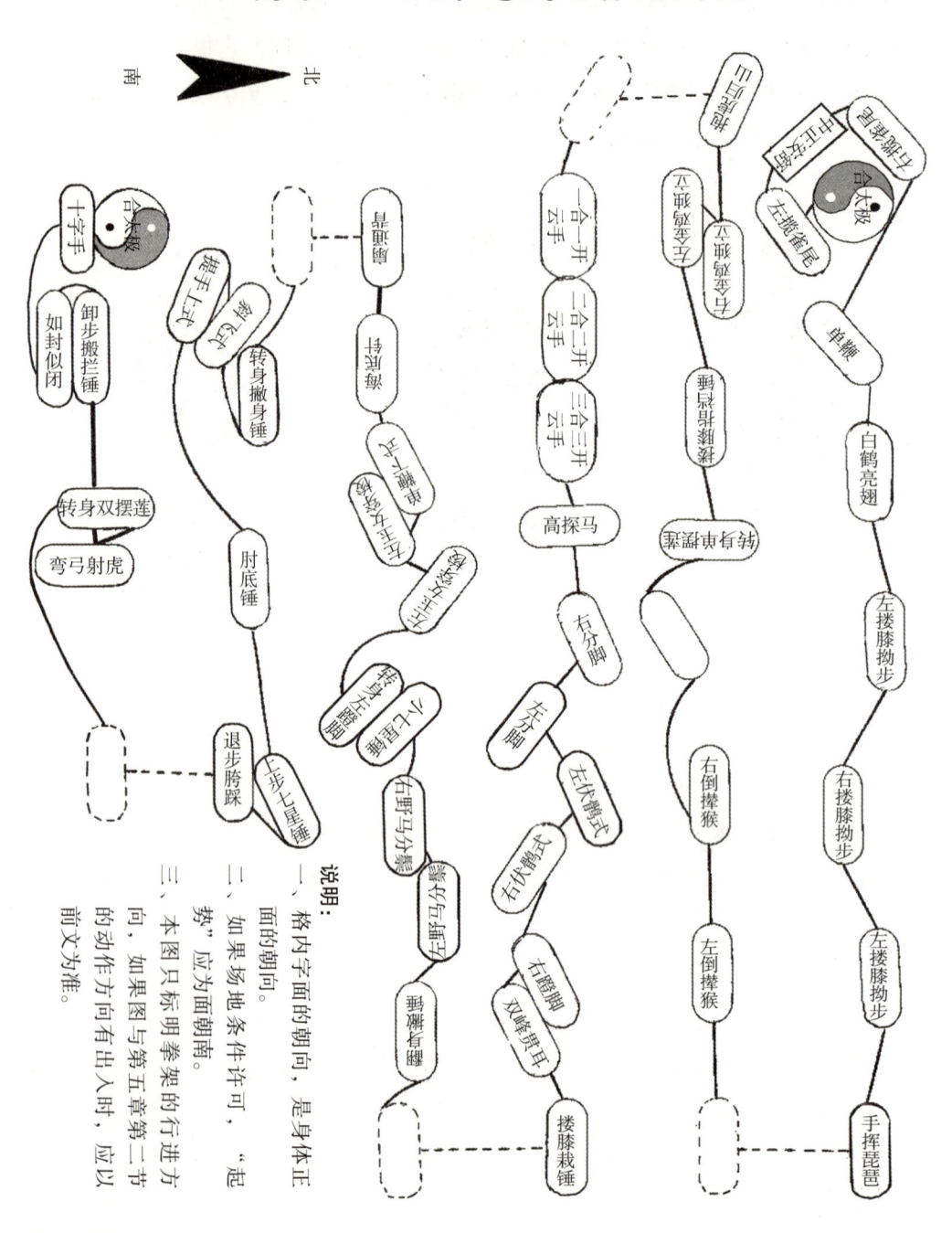

说明：
一、格内字面的朝向，是身体正面的朝向。如果场地条件许可，"起势"应为面朝南。
二、本图只标明拳架的行进方向，如果图与第五章第三节的动作方向有出入时，应以前文为难。

附录二　难忘的记忆

　　1987年春，一部名为《杨氏太极拳理论与实践》的书稿经齐一（曾任中国社会科学院研究员）王平凡（曾任中国社会科学院文学所所长）、魏树人等送交人民体育出版社。当时已做了十几年武术图书编辑的我，第一次阅读不是简单地交代套路的手脚动作线路的稿件，二是将传统的太极拳从松散通空的"总则"到"神意气"的走向；从练拳的"七个进展阶段"到"老六路太极拳"的具体练法，一一展述清楚。为了加深我对书稿的认识，魏树人老师还向我演示了"揉手"的部分技法，非同寻常的身法手式，处处体现着"以柔克刚"，"四两拨千斤"的内家功夫，很是令人心悦诚服。于是我放下手中的积稿，在魏树人老师的引领下拜访了书稿的作者——汪永泉先生。

　　汪老那时腿脚已经不大利落，他端坐在一张吱呀作响的旧藤椅中满面春风地迎接我的到来。一阵寒暄过后，话题自然转到书稿的出版和太极拳技艺上来，我由于工作的需要，曾经与许多太极拳名家搭手讨教，多多少少能听出对方的来力感觉，然而与汪老搭上手后就感觉右肘像被一团棉花托起，一瞬间身子就飘了起来，不由自主地向后方弹跳出去有四五米远。我觉得非常诧异，就问汪老："您是不是有特异功能呀？""为什么您轻轻的一扶就有这么大的威力呀？"汪老说："这是真正的杨家太极揉手，和外面的太极推手不同"。看着我一脸的不解神情，汪老非常坦率地说："其实我没什么，不过是知道太极拳该怎样练，练的时间久一些罢了。"一番话说得我肃然起敬，同时萌生了要学习继承这门纯正的太极拳艺的想法。汪老见我搁心学拳非常高兴，嘱咐魏老师："替我好好教教她，有空到家里来，我给你们说说拳。"于是从此后，魏老师和我经常到汪老师家学拳，直到他染病住院。临终前，汪老师拉着我的手说："拜托了，一定要把书出好！"又转头对魏老师说："以后你们要搁心教拳练拳，把咱们的拳好好发扬光大！"我和魏老师连连应承。当晚我们走后，汪老师再也没有说话，昏睡到半夜便仙逝了。

  时隔二十年后，魏老师的太极功夫已臻化境，他所授的弟子、学生也已满天下。为了让更多的太极拳爱好者理解拳理，练好太极功夫，他不顾年老体衰、视力下降，呕心沥血，历时近两年，把自己练拳的成功经验撰写成书，以期引导后来者踏上正途。这二十年间我目睹了汪老、魏老师为完成太极拳的使命鞠躬尽瘁，感慨颇深。特写下这篇文字，让后人了解先贤教拳传艺的艰辛，更加珍惜这门太极真功夫。

王　洁
2010年12月6日

后 记

余深知：杨家太极拳真谛流传海内外已近20年，博得世人称赞。这一宏大的创举，要归功于中国社会科学院王平凡、齐一、孙耕夫、吴友人等，社科院各所研究人员发现这一宝贵的文化遗产时，仅仅有汪永泉老师身怀这种杨家对外封锁百余年、从未泄露的太极拳绝学。如果不及时得到抢救，杨家太极拳术真谛有可能永远成为一个谜。所以，我们要向这些高瞻远瞩的人士致敬！

余曾编写过杨式太极拳初、中级功法和多媒体光碟，都是根据先师的遗愿，要将所学到的真谛公之于众。因愚受先师的教诲，又在先师面前发过誓言，不能将这门技艺窃为私有，故晚年为了实现这一誓言，不顾年迈眼疾，夜以继日，殚精竭虑，将愚20年来积累的心得体会写成文字，终于编写完成这部高级的功法书稿，让先师在天之灵得到安慰。

这部书自投入编写、制作以来，为了使图片真实，采用了数码摄影，提选无间断连贯图片，我历经长达一年的时间，亲手精心绘画出神、意、气真实途径的运走。为了不失真，由魏世萍采用电脑数码合成制作，套路演练由魏世薌示范，文字由魏世兰、魏艾萌整理，并得到了台湾弟子蓝清雨、谢崇钧，澳洲众弟子以及再传弟子俞军、孙铎华、赵运林的协助。还要特别感谢湖南科技社董一九先生及龚旭东先生、罗列夫先生大力协助编辑出版。并邀请北京张云彦女士最后文字校阅。我谨向参与这一事业的人士一并致谢。

魏树人谨白
2010年1月6日

跋

太极拳在中国已有数百年的历史了，它依循古代的哲理和阴阳转化的规律，符合人体运动科学，蕴含有极高的养生保健、益寿延年的功能。太极拳既可以强身健体、安神养脑，又可以修身养性、陶冶情操，还包含有丰富的中华文化底蕴和哲学内涵，其养生健身的作用可概括为：以意导气，以气运身，以神意气滋养身体；气血运转流畅，促进血液循环；汗腺通畅，改善新陈代谢；对称运动，弥补人体机能后天不足；用意不用力，提高神经系统的敏感度；运动适度，保证人体体能的中和态；长气致柔，防止骨质、关节、韧带的老化；松、静、空、灵，陶冶超然脱俗的心境。因此，太极拳真正做到了雅俗共赏、老幼皆宜，长期以来深受人民群众的喜爱，并且已经推广传播到了世界各地。

太极拳在传播和发展的过程中，派生出了很多流派，其中杨式太极拳一直是流传最广、影响最大的流派之一。杨式太极拳是在陈式太极拳的基础上逐渐演化而成，为清代太极拳大师杨露禅所创，已传承延续了一百五十年左右。杨式太极拳融养生和技击为一体，特别注重意气的培养，具有舒展简洁、结构严谨、身法中正、动作和顺、轻灵沉着等特点和独到的健身与养生价值。

魏树人先生自创办"太极草堂"以来，一直致力于太极拳术的研究与教学。他先后完成了《杨式太极拳述真》《杨式太极拳术述真》《杨健侯秘传太极内功述真》《太极拳术理论与剖析——三十七式内功述真》等著作。

  《杨式太极拳三十七式内功述真》的出版从更深层次为太极拳爱好者提供了教学和交流的经验与方法。无论从拳理还是从拳术上，都让人感到耳目一新，确不失为大师风范，对于太极拳爱好者有很好的指导作用和参考价值。该书在套路中对"神意气"的论述，体现的是高境界的功法。

  魏树人先生为太极拳事业的发展作出了重要贡献。他在太极拳术的教学与研究中，处理好了以下几种关系：一是教与学之间的关系。在传授上，他打破了门户界限，改变了过去常常存在的不传真功的状况，毫无保留地传授，无论何时向他请教，他都能身体力行地施教，而且条理清晰，思维敏捷，形象生动，释疑解惑，机敏练达，体现了大公无私、高风亮节的崇高境界。在授拳过程中，他要求习拳者首先要端正态度，培养拳德，同时要刻苦学习，认真钻研，勇于创新，将太极拳事业发扬光大。二是继承与发展的关系。他全面继承了杨式太极拳的精华和真谛，强调习练太极拳术时要重意不重形，要扼制身形手势，并认为太极拳内外兼修融阴阳为一体就是招和术同时修炼。他不仅对太极拳事业有执着的追求，而且对太极拳术的理论有着很深厚的研究，并形成了一系列的成果。如对"神意气"的论述，他非常称赞汪永泉先师揭示杨家的"时机""奥妙"的论述，如意与气在无意间自然地结合，就会发出"时机"，而这种时机的自然显现，是一种不可思议的内功劲法。而"奥妙"就如同"神"一般，万法自然应变，达到"人不知我意，我已知人意"的奇妙境界，故有奥妙来自时机中的说法；对阴阳理论的研究认为，阴阳理论在太极拳术中的运用是非常重要的，并认为阴阳是相对平衡的，在行拳中要相对多点关注阴面无形的东西，这样，才能产生出太极拳术内功劲法的灵动变化，以"神意气"引领姿势，才能达到周身具有轻灵的感觉；对"风钟"理论的论述，他认为杨式太极拳的内功与"风钟"有着极其重要的关系，将"风钟"的上顶、中腰、下口视为三道气圈，演绎为人的肩、腰、胯三道气圈，这样，在行拳过程中才能解决形体之妄动；对"内气"的论述，他认为到高境界时，"内气"是一种已无内外之分孕生的"气体"，这种"气体"与意念自然结合，引促招势于不经意间运走，这种内气即为太极拳术中的"内功之气"；对"内功"的论述，他认为"内功"是指气与意结合的产物，它不是以形体手势演示动作，完全依赖意念的运走演示，又称"静功"，其成功要点，就是必须遏制住身形手势；对"内劲"的论述，他认为"内劲"是依靠身形手势通出的一种招中之术。以上这些，无不显出魏树人先生对太极拳理论深厚的研究功底和独到的见解。三是继承与创新的关系。太极拳的历史其实就是一部创新史，没有创新，太极拳就不可能发展。魏树人先生致力于太极拳理论的创新与实践，他创立的"太极草堂"，就是在深入分析研究太极拳习练中出现的问题之后，深挖太极拳术的真正种子，并置于太极试验田中培育，使之健康成长、开花结果，产生更多的太极种子，再逐步传播开来。他在杨式太极拳八十九式的基础上，根据太极拳术的原理和方法，同时考虑太极拳习练者的需要，先后科学编排了二十二式和三十七式太极拳术，为太极拳术的发展作出了重要的贡献。他还对太极拳内功理法、行拳心法、太极功法、内功劲法等进行了深入的研究，提出了不少新理论和新方法。

  总之，正像魏树人先生所期望的那样，《杨式太极拳三十七式内功述真》一书的再次出版，就像一颗颗新的太极种子，必将在太极人的精心培育下，结出丰硕的果实，产生更多健康的太极种子。

展望未来，我认为，随着科技的不断发展、社会的不断进步，发展太极拳，不仅要有历史的视野，还要有现代的眼光，要把先进的时代元素（如互联网技术和远程教育等）与太极拳的推广和发展紧密结合起来，不断改进太极拳术的教学方法，提高太极拳术的研究水平。这样，才能使太极拳术更好地走向世界，造福于人类。

赵运林

（中南林业科技大学博士、二级教授、博士生导师）

2017年12月5日

修订版后记

大道至简 返璞归真

《杨式太极拳三十七式内功述真》一书展现的是太极拳术高境界功法，出版以来，深受广大太极拳爱好者的喜爱。该著作前承古人，后启来者，是魏树人先生心血的凝注，在汪永泉先师传授的"老六路"基础上，厚积薄发，深入剖析和阐述意气神的奥妙。

笔者敬仰魏树人先生，从学于魏传杨式太极拳，长期在先父的教导下，认真地习练和领悟三十七式拳架，认为高境界功法有以下三个方面值得学者去探讨和求索。

一、摹拟修真

三十七式拳架从设计之初就围绕立体的太极图，让习练者从无到有再循序渐进迈入太极拳术的高境界。它不是简单的形体动作，而是以意想的一幅幅行云流水般的三维画卷呈现在习练者面前。

在三十七式拳架中，频繁利用动物、物件、自然现象等所特有的灵性和特征来培养修炼内功劲法。有摹拟的手、腿、孔雀、猴、蛇、虎、马、鸟、琵琶、山川、雨后彩虹等，如若对内功心法缺乏认识、理解和体悟，谁也不会相信抱鸟有鸟、抱虎有虎之说，的确是看不到孔雀见不到虎，像大自然的空气一样，虽然有它的存在，但肉眼却看不见。这恰恰是杨健侯秘传高境界功法的高明之处——摹拟修真，以意领形。

它与其他拳架虽然同名，但练习方法却截然不同，有本质上的区别。一旦能够体悟到以意领形，内气催姿势，功夫就会渐渐上身。譬如白鹤亮翅就涵盖掤、捋、挤、按、採、挒、肘、靠八种内功劲法，还蕴含弛张之意，用于培养内气内劲。

鹄星与茫点是高境界功法的特征。在三十七式拳架中多次提到问星与茫点，表述颇为详尽。问星："问"是探究、询问，"星"是鹄星，即目标、准星，在这里指权衡中正、平直的焦点。问星的目的是从手势探问出准星的所在，再引导意气向准星聚集。它是由分散到集中的产生过程，这时是"阳中阴"。当问星起始时，什么也看不到，所谓"星"，如同空中的一颗彗星从远处逐渐出现，当"星"一出现，瞬间即无。又由集中到分散，如纲举目张。纲为准绳，它又转换为"阴中阳"，而"目"的张，是由"纲"的弛张之意而产生阴中的奥妙，即由集中又到分散。茫点，是阳中阳，它是运行的一个意识点，它在自己的背后——为阳。当意识运行到对方背后，仍然是阳点。故它是相斥运行。阴阳孕育，相互衍生是万物生长的自然现象，在这一吸一斥中生发极为关键的养生与技击之奥妙。

要正确理解摹拟修真，魏树人先生曾语重心长地说，"人人都是神仙，不能悟出其中的道理，你这朵花啊，一生一世都开不出来"。只有通过摹拟的景物来协助意气神的培养和习练，太极拳术的花朵才会永开不败，鲜艳夺目。

二、重意不重形

重意不重形，绝对不是轻视形。没有形，没有形体的姿势，意又如何寄托？招中术又从何而出呢？

修订版后记

"意气君来骨肉臣"。要"意在先",从拳架开始,从形体上打基础,从无到有。魏树人先生在书中再三强调"风钟演绎"理论,在初始行拳时要依照三道气圈,它来源于"风钟"的上顶、中腰、下口,分别对应为人的肩、腰、胯,要从这三道气圈解决人体的妄动,同时它又是内外相合的途径。汪永泉先师说过,"你练拳时意想肩圈控制你的胳膊,就没有两肩加两肘的存在,才能松、通、空,自然产生两膊相系。意想以胯圈控制两腿、两脚,在提、蹬、进、退时自然出现轻松自如;意想以腰圈上能辖制肩圈,下能辖制胯圈,方能上下相随"。只有依赖三道气圈,才能做到松散,去掉拙力,做到手出足移己不知,初步体会到"意"的重要性。

再就是认真理解"意领气催姿势"。在拳谱中出现"气贴背",而杨式太极拳则是"背贴气",即所谓"偎锅底""偎球皮"。从练习方法上讲是一致的,但"背贴气"更为现实,实属高境界功法。

在开始练习拳术时,拳架中两臂的开出,都要含有形体"直肘撤身,曲肘进身"。这种形体的开合就衍生出"直肘撤身"所产生的"偎球皮""背贴气",即内功练法。"合"要合到自身背后,逐渐控制着身形,再添上开胸张肘,内气才能透入背后,培养出"捋"内劲。"开"不是从胸前开出,而是从身旁沿两侧而出的"挤"内劲。换句话说,"曲肘进身"是使"偎锅底"的内气由背后两侧迂回而出,这就是"往返须要有折叠"。在"合"与"开"的变换中,隐含着"捋"和"挤"的内功,即"开合相寓"。至此能理解到"引进是直","开出走曲",充分体现内功的"弓弦"与"弓背"两者的关系,更进一步明确太极内功的"捋""挤"形成的混合内劲,初步产生身前、身后矢状轴的阴阳变换,领悟避实就虚,以虚带实的内功。继而生发阴阳吸斥,阴阳缠绕旋转,相互孕育,相互为根,掤、捋、挤、按四正内功相互混合为一体的内功劲法。

在行拳初始阶段有形体的混淆,得不到真意与内气,控制形体才能得到意领气催姿势,体会到混合内劲的奥妙。"不着意兮不着心,无心之中是真心"。只有到了这层境界,真意才会出现,才能体会"形再好没有意好"的真实含义。

三、五个要点

魏树人先生在晚年针对习拳者普遍存在的问题，特别强调了太极拳习练的五个要点，告诫习练者首先要脱离"恋形""导意""仗气"这"三魔"。一是恋形。留恋形体，脱离不开形体，还是有拙力；没有放掉劲根，内气到不了劲端，更谈不到制对方劲源。进一步地说明练形不如练意，练意不如无形无意。二是导意。行拳者在习练时一味地追求意，在没有松散的情况下，自己苦思冥想意的出现，这时的意是假意。真意的出现是没有目的的，"有意确无意，无意出真意"，这才是自己产生的真"意"。三是仗气。它是内气要通还没有通的状态，它和意形搅合在一起，仍然是有力，没有完全放松。当内气通不出去时，拙力出现，用内气和拙力催发人，没有完全达到把舒服给别人，让对方毫不知觉地弹跳而起的境界。避开上述问题，学者如同登泰山到了中天门。四是要静。不静不见动之旗。静中生动，在静中求奥妙。五是入化境。这时掤、捋、挤、按皆非似，达到出神入化，真正做到身无形，手无象，全体透空，奥妙即神的出现，至此才可谓是到达了泰山的南天门。

综上所述，习练此功法应遵循从无到有，从有到繁，再由繁到空的行拳规律，体现大道至简，返璞归真。

在人民体育出版社隆重再版发行《杨式太极拳三十七式内功述真》一书之际，谨以此文纪念魏树人先生。本书再版的过程当中得到了爱徒鲁雄辉、赵运林、漆龙彦的大力支持以及各位同仁的大力协助，在此一并致以诚挚的谢意！

魏世薅

2017年12月24日

图书在版编目(CIP)数据

杨式太极拳三十七式内功述真 / 魏树人著. 崔征摄影. -北京：人民体育出版社，2018
ISBN 978-7-5009-5311-1

Ⅰ.①杨…　Ⅱ.①魏…　②崔…　Ⅲ.①太极拳–基本知识
Ⅳ.①G852.11

中国版本图书馆 CIP 数据核字（2018）第 008414 号

摄影：崔征

*

人民体育出版社出版发行
中国铁道出版社印刷厂印刷
新 华 书 店 经 销

*

787×960　16 开本　16.5 印张　220 千字
2018 年 10 月第 1 版　2018 年 10 月第 1 次印刷
印数：1—5,000 册

*

ISBN 978-7-5009-5311-1
定价：60.00 元

社址：北京市东城区体育馆路 8 号（天坛公园东门）
电话：67151482（发行部）　　邮编：100061
传真：67151483　　　　　　　邮购：67118491
网址：www.sportspublish.cn
（购买本社图书，如遇有缺损页可与邮购部联系）